Prepara medicinas naturales en casa

Remedios herbarios naturales y asequibles que funcionan

Amber Birch

© **Copyright 2023 - Todos los derechos reservados.**

El contenido de este libro no puede reproducirse, duplicarse ni transmitirse sin el permiso directo por escrito del autor o del editor.

En ninguna circunstancia se tendrá culpa o responsabilidad legal contra el editor o el autor por cualquier daño, reparación o pérdida monetaria debido a la información contenida en este libro, ya sea directa o indirectamente.

Aviso legal:

Este libro está protegido por derechos de autor y es exclusivamente para uso personal. Queda prohibida cualquier modificación, distribución, venta, uso, citación o parafraseo de cualquier parte o contenido de este libro sin el previo consentimiento del autor o editor.

Aviso de exención de responsabilidad:

Por favor ten en cuenta que la información contenida en este documento tiene fines educativos y de entretenimiento únicamente. Se han realizado todos los esfuerzos posibles para presentar información precisa, actualizada, confiable y completa. No se declaran ni implican garantías de ningún tipo. Los lectores reconocen que el autor no se dedica a brindar asesoría legal, financiera, médica o profesional. El contenido de este libro se ha obtenido de diversas fuentes. Por favor consulta a un profesional autorizado antes de intentar cualquier técnica descrita en este libro.

Al leer este documento, el lector acepta que en ninguna circunstancia el autor es responsable de las pérdidas, directas o indirectas, que se produzcan como resultado del uso de la información contenida en este documento, incluidos, entre otros, errores, omisiones o inexactitudes.

Descargo

Queremos asegurar a nuestros lectores que la información proporcionada en este libro sobre medicinas, curas y remedios naturales tiene únicamente fines educativos. La intención detrás de compartir este conocimiento es informar y crear conciencia sobre los posibles beneficios de los remedios naturales.

Sin embargo, queremos enfatizar que no somos profesionales médicos y no ofrecemos ninguna asesoría legal o médica. Si actualmente tienes algún problema de salud, es fundamental consultar con un especialista médico calificado o un proveedor de atención médica.

Los autores y editores de este libro no se hacen responsables de ninguna pérdida de vidas o lesiones que puedan ocurrir como resultado directo o indirecto del uso de la información presentada en este libro como resultado indirecto del uso de la información de este libro.

Además, es importante tener en cuenta que es posible que los remedios y curas mencionados en este libro no cumplan con las pautas de la FDA. Queremos que nuestros lectores comprendan que la información contenida en este libro no ha sido revisada, comprobada ni aprobada por ningún organismo oficial de pruebas ni agencia gubernamental. Por lo tanto, las personas deben tener precaución y proceder bajo su propio riesgo al fabricar, usar o consumir cualquiera de los productos descritos. Además, es fundamental tener precaución y asegurar la correcta identificación de las plantas antes de utilizar cualquier remedio natural. Queremos enfatizar la importancia de consultar con un profesional de la salud antes de utilizar cualquier remedio natural, especialmente si tienes problemas de salud subyacentes o estás tomando medicamentos. Entendemos que existen diferentes opiniones sobre los remedios medicinales naturales. Si bien algunos creen en el poder curativo de los remedios naturales, es fundamental reconocer que no todas las medicinas naturales son adecuadas para todos. El cuerpo de cada persona es único y puede reaccionar de manera diferente a diversas sustancias.

Índice

Introducción

Capítulo 1: Entendiendo los remedios naturales

    Remedios naturales versus medicamentos sintéticos: Una distinción vital

        Naturópatas: Curación y enseñanza

    Las maravillas de los remedios herbarios

        Beneficios de la medicina natural: Adoptar la curación holística

        Beneficios adicionales de los remedios herbarios

    Cómo hacer crecer tu botiquín casero

        Herramientas esenciales para tu jardín

        Técnicas y consejos

        Verduras complementarias

Capítulo 2: Prepación de remedios herbarios

    Cataplasmas

        Usos

        Cómo hacer un cataplasma

    Tinturas

        Usos

        Hacer tinturas de hierbas

        Hierbas adecuadas para tinturas

    Ungüentos

        Usos

        Crear ungüentos a base de hierbas

    Tés

        Usos

        Prepara tés de hierbas

    Infusiones y decocciones

        Infusiones versus decocciones: Elaboración con precisión

        Utilizar infusiones y decocciones: Revelando su versatilidad

- Elaboración de infusiones y decocciones: La artesanía de la alquimia herbaria

Aceites esenciales
- Usos de los aceites esenciales: Elevar el bienestar
- Obtención de aceites esenciales: Artesanía embotellada

Cápsulas o tabletas
- Usos: La comodidad se une a la precisión
- Creación de cápsulas y tabletas de hierbas: Precisión en el trabajo

Jarabes
- Usos: Dulce sorbo de alivio
- Creación de jarabes de hierbas: La dulce ciencia se une a la curación a base de hierbas

Productos para el baño y el cuerpo
- Usos: Mejora tu ritual de baño
- Incorporación de hierbas en productos del baño: El abrazo tranquilizador de la naturaleza

Cremas y lociones
- Usos: Mima tu piel de forma natural
- Elaboración de cremas y lociones a base de hierbas: Combinando ciencia y naturaleza

Gargarismos y enjuagues bucales
- Usos: Fomentar tu bienestar bucal
- Creación de gargarismos y enjuagues bucales a base de hierbas: Mezcla de naturaleza e higiene

Compresas
- Usos: Alivio específico para el malestar y la hinchazón localizados
- Elaboración de compresas de hierbas: Un proceso suave y calmante

Polvos
- Usos: Cómo pueden beneficiarte
- Elaboración de polvos de hierbas: Un proceso de molienda simple

Jugos
- Usos: Cómo los jugos de hierbas pueden mejorar tu salud
- Extracción de jugos de hierbas: Un proceso simple

- Pesarios y supositorios
  - Usos: Alivio específico para condiciones específicas
  - Creación de pesarios y supositorios: Un arte terapéutico
- Capítulo 3: Obtención y almacenamiento de ingredientes naturales
  - Obteniendo tus ingredientes
  - Almacenamiento de ingredientes y remedios naturales
    - Errores comunes de almacenamiento que deben evitarse
- Capítulo 4: Precauciones de seguridad
  - Investigación y consulta exhaustivas
    - Efectos secundarios
    - Contraindicaciones
    - Fuentes confiables
    - Consulta con un profesional de la salud
  - Limpieza y prácticas sanitarias
    - Lavado de manos
    - Utensilios
    - Higiene
  - Prácticas de almacenamiento
    - Protección contra el aire y la humedad
    - Longevidad
  - Calidad de los ingredientes
    - Certificaciones
    - Optar por ingredientes orgánicos y sostenibles
  - Dosis correcta y frescura
    - Curación equilibrada
    - Consultar fechas de caducidad
  - Etiquetado y seguridad infantil
    - Mantén los remedios fuera del alcance
  - Comprender la falta de estandarización y de ingredientes activos
    - Potencia variable
    - Enfoque personalizado

Familiarízate con los ingredientes activos

Capítulo 5: Soluciones herbarias asequibles para dolencias comunes

Las 10 mejores hierbas para dolencias comunes

- Tintura de pimienta de cayena
- Tabletas de carbón activado
- Miel con infusión de ajo
- Tintura de sello de oro
- Té de menta
- Tintura de equinácea
- Té de jengibre
- Infusión de hierba gatera
- Té de barba de maíz
- Té de lúpulo

Resfriados, gripe, dolor de garganta

- Té de miel y limón
- Té de jengibre
- Tintura de equinácea
- Vapores de menta
- Jarabe de saúco
- Miel con infusión de ajo
- Leche de cúrcuma
- Té de pimienta de cayena
- Jarabe de tomillo para la tos
- Gárgaras con agua salada
- Inhalación de vapor
- Miel y canela
- Gárgaras de vinagre de sidra de manzana
- Té de raíz de malvavisco
- Aceite de orégano
- Ponche caliente
- Jugo de granada

- Jarabe de cebolla
- Té de raíz de astrágalo
- Inhalación de aceite de eucalipto

Sistema digestivo

- Té de menta
- Masticables de jengibre
- Infusión de hinojo
- Jugo de aloe vera
- Tabletas de carbón activado
- Vinagre de sidra de manzana
- Té de raíz de diente de león
- Infusión de jengibre y miel
- Infusión de semillas de comino
- Cápsulas de aceite de menta
- Tabletas de enzimas de papaya
- Té de raíz de regaliz
- Té de semillas de alcaravea
- Suplementos probióticos
- Extracto de hoja de alcachofa
- Té de corteza de olmo rojo
- Agua de menta y limón
- Infusión de canela y miel
- Agua de cebada
- Infusión de limón y jengibre
- Té de semillas de fenogreco
- Masticables de canela y menta
- Agua de eneldo
- Jugo de amla (grosella espinosa india)
- Jugo de repollo
- Masticables de raíz de regaliz
- Cáscara de ispagula

- Té de cardamomo
- Infusión de semillas de cilantro

Dolor e irritaciones de la piel

- Ungüento de caléndula
- Aceite de lavanda
- Aceite de árnica
- Gel de aloe vera
- Baño de avena
- Tónico de hamamelis
- Ungüento de pamplina
- Aceite de árbol de té
- Aceite de coco para el eczema
- Baño de sal de epsom
- Miel de manuka
- Baño de lavanda y manzanilla
- Loción de calamina
- Aceite de eucalipto para el dolor muscular
- Manteca de karité para pieles secas
- Aceite de neem
- Infusión de raíz de malvavisco
- Aceite de onagra para el eccema

Dormir

- Té de valeriana
- Bolsitas de lavanda
- Tintura de manzanilla
- Infusión de pasiflora
- Alimentos ricos en melatonina
- Té de bálsamo de limón
- Cápsulas de ashwagandha
- Tintura de amapola californiana
- Té de lúpulo

- Infusión de escutelaria
- Aceite esencial de lavanda
- Leche tibia con nuez moscada
- Té de verbena de limón
- Alimentos ricos en magnesio
- Espray de lavanda
- Yoga y meditación
- Tintura de lechuga silvestre
- Aceite esencial de cedro
- Rutina antes de dormir
- Tintura de escutelaria

Ansiedad

- Té de bálsamo de limón
- Tintura de ashwagandha
- Té de Kava Kava
- Aceite de hierba de San Juan
- Té de flor de tilo
- Tintura de pasiflora
- Aceite esencial de lavanda
- Cápsulas de rodiola rosada
- Té de manzanilla
- Tintura de Bacopa Monnieri
- Té de rodiola rosada
- Baño con aroma a lavanda
- Infusión de hierbaluisa
- Bolsita de lavanda y manzanilla
- Suplementos de L-teanina
- Baño de lavanda y sales de Epsom
- Tintura de lúpulo
- Ejercicios de yoga y respiración
- Mezcla de aceites esenciales de lavanda y manzanilla

- Arte y expresión creativa
- Para migrañas
  - Tintura de matricaria
  - Petasita (Petasites hybridus)
  - Magnesio
  - Alimentos ricos en ácidos grasos
  - Riboflavina (Vitamina B2)
  - Jengibre
  - Acupuntura
  - Yoga y técnicas de relajación
  - Aceite de menta
  - Modificaciones de estilo de vida
- Para los síntomas de Parkinson
  - Tintura de escutelaria
  - Tintura de zapatilla de dama
  - Extracto de Ginkgo Biloba
  - Coenzima Q10 (CoQ10)
  - Cúrcuma (curcumina)
  - Cannabidiol (CBD)
  - Ashwagandha (Withania somnifera)
  - Ácidos grasos Omega-3
  - Extracto de boswellia (incienso)
  - Acetil-L-Carnitina
  - Bacopa Monnieri (Brahmi)
  - Terapia de masajes
- Capítulo 6: Remedios caseros asequibles para mascotas
  - Bálsamo para patas totalmente natural
  - Gotas de aloe vera para los oídos
  - Gel de aloe vera para quemaduras menores
  - Espray de lavanda antibacteriano
  - Mezcla antiinflamatoria

- Mezcla calmante de aceite de lavanda
- Almohada de hierba gatera para calmarse
- Repelente de insectos de madera de cedro
- Calmante de manzanilla para la piel
- Aceite de coco para pieles secas
- Champú casero natural para mascotas
- Espray repelente de pulgas
- Incienso para perros mayores
- Limpiador de oídos a base de hierbas
- Polvo contra pulgas a base de hierbas
- Enjuague capilar a base de hierbas para dar brillo
- Tazón de agua con infusión de hierbas
- Remojo para patas a base de hierbas
- Hierba gatera casera
- Juguetes caseros con hierba gatera
- Pasta de dientes casera para perros
- Collar antipulgas casero
- Lavanda para irritaciones de la piel
- Sábanas o manta con aroma a lavanda
- Baño con limón contra las pulgas
- Collar natural para la ansiedad
- Espray natural contra las garrapatas
- Baño de avena para la picazón de la piel
- Ayuda para que los perros duerman

Conclusión: Adoptando el poder sanador de la naturaleza

Referencias

   Referencias de imágenes

Introducción

Imagina un tiempo lejano, donde no existían farmacias ni médicos fácilmente accesibles. ¿Te has preguntado alguna vez cómo afrontaba la gente los desafíos de la salud en esos días? Recurrían a lo único que tenían a su alcance: la rica farmacia proporcionada por la Madre Tierra. Un amplio repertorio de hierbas y especias aguardaba para aliviar desde simples resfriados hasta cortes desafiantes.

El empleo de remedios naturales no es una tendencia reciente ni una moda pasajera; es una tradición ancestral que ha mantenido la salud de la humanidad a lo largo de los siglos. Sus raíces se entrelazan desde las antiguas civilizaciones orientales hasta nuestro mundo occidental contemporáneo. ¿Para qué depender de una pastilla cuando contamos con la «planta de la inmortalidad», como la llamaban los antiguos egipcios, en forma de Aloe Vera, con sus numerosos beneficios para la salud?

Hablando de civilizaciones antiguas, ¿sabías que la medicina tradicional china tiene una historia rica que abarca más de 2500 años? Aprovechaban el poder de las plantas, las raíces e incluso los productos animales para mantener el equilibrio y promover el flujo de Qi, la energía vital que debe circular libremente por el cuerpo. Muchos de estos remedios tradicionales y naturales todavía se utilizan en la actualidad.

Nuestros antepasados no se limitaban a adivinar los remedios. A través de prueba y error, desenterraron un tesoro de soluciones naturales para la curación y el equilibrio. Esta sabiduría se ha transmitido con amor de generación en generación y ahora la apreciamos como medicina herbaria tradicional.

¿Te sorprendería saber que un impresionante 80 % de la población mundial todavía confía en medicinas naturales para cubrir sus necesidades de atención primaria de salud? Esto se debe a que estos remedios representan soluciones efectivas y comprobadas. Se centran en la totalidad de la persona (mente, cuerpo y espíritu), en vez de simplemente tratar los síntomas.

Al pensar en remedios naturales, podría sonar como algo sacado de una novela de fantasía. ¡Pero aquí hay un giro sorprendente! Es probable que tengas algunos tesoros naturales escondidos en tu propia cocina. Enriquece tus creaciones culinarias con hierbas y especias curativas como ajo, jengibre, cúrcuma y canela: ¡tanto tus papilas gustativas como tu cuerpo lo agradecerán!

Incluso aquellos que gozan de buena salud están adoptando los remedios naturales como un enfoque proactivo para preservar su bienestar. La naturaleza nos ha convocado a recolectar sus regalos, y de forma voluntaria hemos aceptado este llamado a lo largo de innumerables siglos, reconociendo su don de curación. Este llamado resuena en la belleza de las plantas y hierbas, nuestras compañeras más antiguas en el camino hacia el bienestar.

¡Acompáñame en este viaje hacia el mundo de los remedios naturales! No se requiere un apretón de manos secreto: estoy aquí para compartir sabiduría ancestral y ayudarte a abrazar una vida más saludable enriquecida por estas maravillas naturales. Imagina un botiquín repleto de tesoros que mejoran la salud, ¡todo al alcance de la mano! Visualízate capacitado para cultivar el bienestar utilizando los tesoros del jardín de la Madre Naturaleza.

Profundizaremos en cómo los remedios naturales pueden potenciar tu salud, desde fortalecer el sistema inmunológico hasta aliviar el malestar estomacal. Estos remedios armonizan de manera natural con nuestro cuerpo e incluso con el de nuestras queridas mascotas, guiándonos para aprovechar nuestros ritmos curativos innatos.

Pero espera, no nos detendremos ahí. ¿Te has preguntado alguna vez cómo cultivar tus propias hierbas o preparar tus propios brebajes curativos de manera segura? ¡Nos sumergiremos en todo eso y mucho más! Así que, quédate un momento, abróchate el cinturón de seguridad y embarquémonos juntos en este emocionante viaje a través del fascinante mundo de los remedios naturales.

Capítulo 1: Entendiendo los remedios naturales

En este fascinante viaje, nos sumergiremos en el profundo reino de los remedios naturales y herbales. Estos remedios pueden considerarse como un obsequio de la Madre Naturaleza a la humanidad, un tesoro oculto repleto de la notable potencia de plantas, hierbas y otras maravillas del mundo natural.

Cuando hablamos de remedios naturales, no nos limitamos a moler hierbas. Estamos ingresando a un mundo de diversas modalidades curativas, que abarcan desde infusiones de hierbas hasta aceites esenciales, tratamientos terapéuticos con agua y mucho más. Estas son las herramientas antiguas y probadas en las que confiaban nuestros ancestros para su bienestar. Pero ¿por qué deberíamos sentirnos intrigados por estos remedios ancestrales, especialmente en un mundo donde la medicina moderna parece tan avanzada?

Remedios naturales versus medicamentos sintéticos: una distinción vital

La medicina moderna, a pesar de sus innegables logros, a menudo implica la creación de drogas sintéticas en laboratorios estériles, intentando replicar el diseño de la naturaleza. Aunque estos medicamentos son eficaces para proporcionar alivio a corto plazo, suelen tener un costo: efectos secundarios que pueden ser tan problemáticos como las afecciones que intentan tratar. Entonces, surge la pregunta: ¿Estas soluciones sintéticas realmente contribuyen a nuestra salud o simplemente ofrecen un alivio temporal de nuestras dolencias?

Por otro lado, los remedios naturales provienen directamente de la tierra y se integran perfectamente con nuestro cuerpo, generando menos efectos secundarios y un proceso de curación armonioso. Para comprender cómo funcionan, podemos tomar inspiración de los naturópatas, un grupo especializado de médicos dedicados al arte de la medicina natural. Los naturópatas creen firmemente en la capacidad inherente del cuerpo humano para sanarse a sí mismo y priorizan nutrir la vitalidad general, no simplemente abordar los síntomas que nos afectan.

Una creencia fundamental que guía a los naturópatas es el concepto de interconexión dentro del cuerpo. Al alinear los intrincados sistemas del cuerpo, catalizan los mecanismos innatos de autocuración del cuerpo, instándolo a restablecer el equilibrio y activar sus propios mecanismos de reparación.

Naturópatas: curación y enseñanza

No obstante, los naturópatas no se limitan únicamente al papel de sanadores; también desempeñan el rol de educadores. Capacitan a los pacientes para que se involucren activamente en su bienestar, enfocándose en la prevención a través de la educación y el diálogo abierto.

Con el objetivo de optimizar la salud, los naturópatas elaboran planes de tratamiento meticulosamente adaptados a las necesidades únicas de cada paciente. Incluso si tú y un amigo comparten problemas de salud similares, es probable que los tratamientos difieran de manera significativa. Los naturópatas profundizan en el estilo de vida de cada individuo, desde los patrones de sueño hasta las elecciones dietéticas, en su búsqueda por descubrir las soluciones más efectivas.

Curación personalizada: más allá de una solución única para todos

Lo verdaderamente fascinante es que los naturópatas rechazan la idea de un enfoque único para todos. Con ingenio, combinan y personalizan tratamientos para satisfacer las diversas necesidades de cada individuo. Ya sea mediante ajustes en el estilo de vida, transformaciones en la dieta, remedios a base de hierbas, terapia de masajes, hidroterapia, meditación o una combinación de estos, los naturópatas diseñan un plan exclusivamente adaptado a ti.

Las maravillas de los remedios herbarios

Pero hay más en este viaje. Examinemos detenidamente los extraordinarios beneficios de los remedios a base de hierbas. Imagina una vida en la que necesites menos visitas a la farmacia y no te sientas abrumado por una gran variedad de medicamentos. Los remedios a base de hierbas se presentan como los amigables superhéroes del vecindario, con menos efectos secundarios y una perspectiva más holística sobre la salud.

El ámbito de la atención sanitaria a menudo puede parecer exclusivo y costoso, como si fuera una fiesta a la que solamente se puede asistir con invitación. Sin embargo, los remedios a base de hierbas derriban estas barreras y hacen que la salud sea accesible para todos. Además, puedes cultivar las hierbas que necesites directamente en tu propia cocina, convirtiéndolas en suplementos de alta calidad.

1. Curación rentable
Los remedios a base de hierbas representan una alternativa asequible a los medicamentos recetados, lo que amplía el acceso a la salud para una gama más amplia de personas. En un mundo donde los costos de la atención médica pueden ser excesivos, estas soluciones naturales se presentan como un salvavidas económico. Son especialmente apropiadas para aquellos sin seguro médico o que viven en países en desarrollo donde los gastos de atención médica pueden resultar prohibitivos.

2. El regalo de la disponibilidad
Numerosas hierbas medicinales pueden ser cultivadas en el hogar o encontradas en la cercanía de la naturaleza, disminuyendo la dependencia de productos farmacéuticos costosos que a menudo necesitan receta médica. Esta accesibilidad derriba barreras, otorgando a las personas el poder de recuperar el control de su salud sin tener que depender constantemente de consultas médicas.

3. Menos restricciones, más libertad

En comparación con los medicamentos recetados, los remedios a base de hierbas suelen tener menos restricciones de uso. Mientras que los productos farmacéuticos a menudo demandan una receta médica, los remedios a base de hierbas se pueden emplear de manera más accesible, otorgándote la libertad de elegir tu propio camino hacia el bienestar.

4. Relevancia cultural y familiaridad

En diversas culturas, los remedios a base de hierbas cuentan con una rica tradición, lo que los hace familiares y fácilmente accesibles. Generaciones enteras han confiado en estas soluciones naturales, transmitiendo sus conocimientos a lo largo de los siglos. Sin embargo, es esencial ejercer precaución y buscar la orientación de un profesional de la salud antes de iniciar cualquier tratamiento nuevo.

Ahora, conozcamos a algunos de estos superhéroes a base de hierbas y exploremos sus poderes únicos:

- Jengibre
  - Reconocido por su versatilidad, el jengibre puede aliviar diversas afecciones de salud, incluidos problemas digestivos, náuseas y alivio del dolor.

- Cúrcuma
  - Repleta de curcumina, un potente antiinflamatorio y antioxidante, la cúrcuma favorece la salud del cerebro, controla el dolor de la artritis y combate el cáncer.

- Cardo mariano
  - Guardián del hígado, el cardo mariano desintoxica y protege este órgano vital, ayudando en el control de las afecciones relacionadas con el hígado y los niveles de colesterol.

- Ginkgo Biloba
  - Conocido por mejorar la función cognitiva, especialmente la memoria, lo que lo convierte en la opción preferida entre las personas mayores.

- Equinácea

- - Firme defensora del sistema inmunológico, ayuda al cuerpo a defenderse de las infecciones y a controlar los síntomas del resfriado y la gripe.
- Hierba de San Juan
  - Una alternativa natural para controlar la depresión y la ansiedad, ofreciendo consuelo a quienes lo necesitan.
- Manzanilla
  - Presagio de la relajación y la mejora del sueño, también ayuda a la digestión debido a sus propiedades antiinflamatorias.
- Ajo
  - Guardián de tu corazón, el ajo reduce la presión arterial y los niveles de colesterol, y sus propiedades antiinflamatorias y antivirales promueven la salud en general.

No obstante, es crucial tener en cuenta que las respuestas individuales a los remedios herbales pueden diferir, por lo que es imperativo descubrir cuál funciona mejor para ti.

Aunque la medicina moderna tiene su relevancia, los remedios a base de hierbas proporcionan un enfoque más gentil, considerando tu salud general en lugar de solo los síntomas aislados. Te permiten tomar el control de tu bienestar hoy y trazar el camino hacia un mañana más saludable.

Beneficios de la medicina natural: adoptar la curación holística

La medicina natural se erige como un refugio acogedor para personas de todas las edades y niveles de salud. Aquellos que enfrentan la fatiga, trastornos vinculados al estrés, dolencias gastrointestinales u otras enfermedades menores, a menudo buscan alivio a través de los profesionales de la medicina natural. Esto se debe a...

Abrazo holístico

La medicina natural opera según el principio de tratar a la persona en su totalidad: se tiene en cuenta la salud emocional, mental y física. Es un viaje hacia el bienestar total.

Atención personal

A diferencia de las visitas al médico convencional, donde los síntomas son el único foco, los naturópatas involucran a los pacientes en múltiples facetas de su salud, adaptando planes de tratamiento personalizados.

Enfoque preventivo

La medicina natural destaca la importancia de la prevención. Al buscar orientación antes de que una condición médica se agrave, las personas pueden asumir el control de su salud y revitalizarse de manera proactiva.

Efectos secundarios mínimos

La medicina natural reduce al mínimo el uso de fármacos y medicamentos alopáticos, enfocándose en cambio en el alivio del estrés, la relajación y los suplementos naturales. Este enfoque resulta en menos reacciones adversas.

Aunque la evidencia científica que respalda la medicina natural está en aumento, todavía es necesario realizar más investigaciones para determinar su eficacia en diversas afecciones. Los defensores de la medicina alopática argumentan que es crucial confiar en tratamientos basados en evidencia para enfermedades graves o terminales cuando dichos tratamientos estén disponibles.

Beneficios adicionales de los remedios herbarios

Además del enfoque holístico, los remedios a base de hierbas proporcionan diversas ventajas:

1. Menos efectos secundarios

Los medicamentos recetados a menudo causan efectos secundarios significativos y afectan al 66 % de los adultos en los Estados Unidos que los utilizan. Incluso los antibióticos comunes pueden desencadenar problemas como calambres, diarrea, palpitaciones o convulsiones. En cambio, las medicinas a base de hierbas, cuando se toman en las dosis recomendadas, tienden a provocar menos efectos secundarios. Al optar por tratamientos naturales en lugar de productos farmacéuticos, es posible reducir la dependencia de medicamentos sintéticos y sus posibles efectos adversos. No obstante, es esencial verificar las posibles interacciones con medicamentos si ya se está tomando medicamentos recetados.

2. Accesibilidad mejorada

En una época de crecientes costos de atención médica, los remedios a base de hierbas surgen como una opción más accesible. Se producen a partir de recursos naturales abundantes en lugar de ser sintetizados en laboratorios, lo que los hace más económicos y disponibles para un mayor número de personas. Aunque se recomienda consultar con profesionales de la medicina alternativa, no es necesario navegar por el complicado sistema de medicamentos recetados. Una vez que hayas identificado las hierbas que necesitas, podrás adquirir fácilmente suplementos naturales de calidad en línea, provenientes de fuentes confiables.

3. Énfasis en la salud holística

La medicina tradicional va más allá del manejo de los síntomas para centrarse en la salud integral y en mantener el equilibrio dentro del cuerpo. Los profesionales de la medicina alternativa tienen como objetivo descifrar lo que comunica tu cuerpo y diseñar un plan de tratamiento adaptado a tu condición y requisitos específicos. Este viaje a menudo se extiende más allá de la curación física para tratar las necesidades de la mente y el espíritu, reconociendo la profunda conexión entre el bienestar psicológico y fisiológico.

4. Empoderamiento

La medicina herbaria permite a las personas tomar el control de su salud. Ya sea que se sientan desilusionadas con el sistema médico moderno o busquen una mayor autonomía en su bienestar, los curanderos tradicionales ofrecen conocimientos para prevenir enfermedades, gestionar afecciones crónicas y fomentar la curación. Al estar más conectadas con sus cuerpos, las personas pueden experimentar los efectos positivos de los suplementos a base de hierbas, lo que las motiva y empodera para embarcarse en su viaje de curación. La salud ya no está exclusivamente en manos de productos farmacéuticos y corporaciones, sino que está firmemente al alcance de cada individuo, permitiéndoles tomar decisiones informadas y proporcionar a sus cuerpos el cuidado que merecen.

Cómo hacer crecer tu botiquín casero

Ahora que hemos explorado el fascinante mundo de los remedios a base de hierbas, es momento de ponerse manos a la obra y emprender el gratificante viaje de cultivar tu propio botiquín natural en casa. El cultivo de plantas medicinales no solo brinda satisfacción personal, sino que también puede resultar rentable. Sin embargo, el éxito requiere contar con las herramientas y técnicas adecuadas, así como una pizca de sabiduría ecológica. Aquí te presento una guía rápida para que comiences a desarrollar tus habilidades verdes.

Herramientas esenciales para tu jardín

Para cultivar tus propias hierbas y verduras en casa, necesitarás algunas herramientas.

- Palas y horquillas de jardín

    - Estas herramientas son vitales para preparar el lecho de tu jardín, remover la tierra y garantizar una aireación adecuada.

- Tijeras de podar

    - Tener un buen par de tijeras de podar es esencial para el mantenimiento regular, como recortar las partes muertas o demasiado crecidas de tus plantas. Fomenta el crecimiento saludable y previene el hacinamiento.

- Guantes

    - Protégé tus manos mientras trabajas en el jardín. Elige guantes que sean cómodos y brinden protección adecuada contra espinas, insectos y suciedad.

- Regadera o manguera con opción de rociado suave
    - Un riego preciso y suave es crucial para la salud de tus plantas. Una regadera con un accesorio de rociado o una manguera con una boquilla de pulverización ajustable ayuda a controlar el flujo de agua.
- Semillas y plántulas
    - Semillas: Si bien la mayoría de las plantas medicinales se pueden cultivar a partir de semillas, considera comprar semillas orgánicas y no transgénicas para un comienzo más saludable. Las semillas ofrecen la alegría de empezar desde cero y ver crecer tus plantas.
    - Plántulas: Si eres nuevo en la jardinería o prefieres empezar con ventaja, opta por las plántulas. Son plantas jóvenes que ya han brotado y pueden ahorrarte tiempo. Encuentra plántulas en viveros o centros de jardinería locales.

Técnicas y consejos

Para que puedas cultivar un botiquín exitoso en casa, aquí tienes algunas técnicas y consejos de jardinería que te ayudarán.

- Espaciado adecuado entre plantas
    - Sigue las pautas de espaciado recomendadas para cada planta para garantizar que tengan el espacio adecuado para prosperar sin competir por los recursos. Estas pautas generalmente se pueden encontrar en el paquete de semillas o en guías de jardinería específicas para cada planta.
- Suelo con buen drenaje
    - Las plantas medicinales prefieren suelos con buen drenaje para evitar que las raíces se encharquen. Mejora el lecho de tu jardín incorporando abono o fertilizante orgánico de liberación lenta. Esto enriquece el suelo con nutrientes esenciales para el crecimiento saludable de las plantas.
- Técnicas de riego
    - La mayoría de las hierbas medicinales no requieren riego diario. Riega moderadamente y permite que la tierra se seque ligeramente entre

sesiones de riego. El exceso de riego puede provocar pudrición de las raíces y otras enfermedades.

- Iluminación adecuada
    - Muchas hierbas medicinales prosperan a pleno sol, lo que normalmente significa que necesitan de 6 a 8 horas de luz solar directa al día. Asegúrate de que reciban la luz solar adecuada según sus requisitos específicos.
- Poda y cosecha
    - Poda regularmente tus plantas medicinales para fomentar un crecimiento más frondoso y saludable. Al cosechar, nunca tomes más de un tercio del crecimiento de la planta para permitir su recuperación y regeneración.
- Gestión de plagas y enfermedades
    - Prioriza los métodos naturales para el manejo de plagas y enfermedades. Las opciones incluyen aceite de neem, recolección manual de plagas, uso de jabones insecticidas o introducción de insectos beneficiosos en tu jardín.
- Estacionalidad
    - Comprende las mejores estaciones para plantar y cosechar cada planta medicinal en tu jardín. Cada planta puede tener requisitos estacionales únicos para un cuidado óptimo. Investiga estas necesidades para un cultivo exitoso.

Ahora, echemos un vistazo a algunos ejemplos de plantas medicinales específicas y sus condiciones de crecimiento.

Aloe Vera

Condiciones de crecimiento: Prospera con luz solar indirecta y brillante o en alféizares soleados.

Suelo: Siembra aloe vera en macetas con tierra para macetas mezclada con cactus, asegurando un excelente drenaje.

Riego: Riega abundantemente, pero permite que la tierra se seque completamente entre riegos.

Manzanilla
Condiciones de crecimiento: La manzanilla prefiere pleno sol, pero puede tolerar una sombra ligera.

Suelo: Requiere un suelo bien drenado.

Plantación: Siembra semillas de manzanilla directamente a fines de la primavera o cultívalas en macetas.

Lavanda
Condiciones de crecimiento: La lavanda necesita pleno sol y un suelo bien drenado.

Plantación: Planta lavanda en la primavera después de que haya pasado el peligro de las heladas.

Menta
Condiciones de crecimiento: Es mejor cultivarla en una maceta para evitar la propagación invasiva.

Luz: Prospera en sol parcial con suelo constantemente húmedo.

Inicio: Puedes comenzar a partir de semillas o plantas pequeñas.

Bálsamo de limón
Condiciones de cultivo: cultiva bálsamo de limón a partir de semillas sembradas en primavera o principios de otoño.

Luz: Prefiere pleno sol, pero puede prosperar en sombra parcial.

Equinácea (equinácea púrpura)
Inicio: comienza a cultivar equinácea a partir de semillas en el interior a fines del invierno o siembra directamente en el jardín a fines de la primavera.

Luz: Requiere pleno sol para un crecimiento óptimo.

Caléndula
Inicio: Inicia las semillas de caléndula en el interior a principios de la primavera o siembra directamente en el jardín después de la última helada.

Luz: La caléndula prospera a pleno sol o sombra parcial.

Matricaria

Inicio: La matricaria se puede cultivar a partir de semillas, esquejes o división de raíces.

Suelo: Prefiere suelos ricos y bien drenados y desde pleno sol hasta sombra parcial.

Consuelda

Inicio: La consuelda suele cultivarse a partir de esquejes de raíces.

Plantación: Planta la consuelda en la primavera a pleno o parcial sol con suelo bien drenado.

Ajo

Plantación: Planta dientes de ajo en el otoño, aproximadamente a 1 o 2 pulgadas de profundidad, y cúbrelos con mantillo.

Luz: El ajo requiere pleno sol para un crecimiento óptimo.

Verduras complementarias

Por supuesto, además de tus plantas medicinales, hay muchas verduras saludables que puedes cultivar. Aquí tienes algunos ejemplos de plantas complementarias para tu jardín.

Tomates

Plantas acompañantes: Albahaca, que repele las plagas del jardín.

Pepinos

Plantas acompañantes: eneldo y manzanilla, que mejoran el crecimiento del pepino.

Zanahorias

Plantas acompañantes: La menta estimula el crecimiento de las zanahorias y disuade las plagas. Planta la menta por separado para evitar que se propague.

Acelgas

Plantas acompañantes: Las hierbas como el cilantro y el cebollino complementan las acelgas.

Rábanos

Plantas acompañantes: La menta o la milenrama pueden disuadir a las plagas cuando se plantan junto con los rábanos.

Pimientos

Plantas acompañantes: La albahaca mejora el crecimiento mutuo y repele las plagas cuando se planta cerca de los pimientos.

Lechuga

Plantas acompañantes: El eneldo ayuda a mantener alejados a los pulgones cuando se planta cerca de lechuga.

Calabacín

Plantas acompañantes: La capuchina disuade a las chinches y escarabajos de la calabaza cuando se cultiva cerca de calabacines.

Espinacas

Plantas acompañantes: El hinojo puede repeler plagas como la polilla de la col, beneficiando el crecimiento de las espinacas.

Col rizada

Plantas acompañantes: La salvia puede repeler plagas como la polilla de la col, favoreciendo el crecimiento de la col rizada.

Recuerda que el éxito de la siembra complementaria puede variar según las condiciones específicas de tu jardín, clima y suelo. Asegúrate siempre de que los requisitos de tus plantas complementarias se complementen entre sí para crear un jardín familiar próspero lleno de plantas y vegetales medicinales.

Capítulo 2: Preparación de remedios herbarios

Hay varios métodos que puedes utilizar para preparar remedios a base de hierbas. La elección del método dependerá de tus necesidades específicas, del remedio que estés aplicando y de tus preferencias personales. En esta sección, explorarás los diferentes métodos, sus usos variados y las instrucciones para llevarlos a cabo.

Cataplasmas

Las cataplasmas representan un método antiguo y eficaz para aplicar remedios a base de hierbas directamente sobre la piel. Consisten en crear una pasta a partir de hierbas trituradas o molidas y aplicarla en el área afectada, frecuentemente utilizando un paño limpio como soporte. A lo largo de los siglos, las cataplasmas han sido empleadas para tratar una variedad de problemas en la piel, tales como heridas, quemaduras, hematomas, infecciones e inflamación. Aquí encontrarás una guía detallada sobre cómo elaborar y utilizar cataplasmas de hierbas.

Usos

Las cataplasmas son versátiles y adecuadas para el tratamiento localizado de las siguientes afecciones.

1. *Heridas*: Las cataplasmas pueden ayudar a limpiar las heridas, prevenir infecciones y acelerar el proceso de curación.
2. *Moretones*: Aplicar una cataplasma en el área magullada puede reducir la hinchazón y aliviar el dolor.
3. *Quemaduras*: Las cataplasmas de hierbas pueden calmar las quemaduras, aliviando el dolor y favoreciendo la recuperación de la piel.
4. *Infecciones*: Se pueden utilizar cataplasmas para eliminar infecciones o abscesos fomentando los procesos de curación naturales del cuerpo.
5. *Inflamación*: las cataplasmas de hierbas pueden reducir la inflamación y aliviar afecciones como la artritis o las distensiones musculares.

Cómo hacer una cataplasma

Aquí encontrarás una guía detallada con instrucciones paso a paso sobre cómo preparar y aplicar una cataplasma de hierbas:

1. **Selecciona tus hierbas**
    A. Empieza por elegir las hierbas adecuadas para tu cataplasma. Las hierbas comunes utilizadas en cataplasmas incluyen consuelda, plátano, caléndula y manzanilla, entre otras.
    B. Asegúrate de que las hierbas que elijas estén limpias y sin contaminantes.
2. **Prepara las hierbas**

A. Muele o tritura finamente las hierbas seleccionadas. Puedes utilizar hierbas frescas o secas, según disponibilidad.

3. **Haz la pasta**

   A. Mezcla las hierbas trituradas o molidas con una pequeña cantidad de agua tibia para crear una pasta espesa y consistente.

   B. El calor del agua puede ayudar a liberar los compuestos beneficiosos de las hierbas.

4. **Aplicación**

   A. Extiende la pasta de hierbas uniformemente sobre un paño o gasa limpia.

   B. El paño actuará como portador de la cataplasma y evitará el contacto directo entre las hierbas y la piel.

5. **Asegura la cataplasma**

   A. Aplica la cataplasma directamente sobre el área afectada, asegurándote de que cubra toda la región que requiere tratamiento.

   B. Para mantenerla en su lugar, asegura la cataplasma con una venda o envoltura. Asegúrate de que esté ajustado, pero no demasiado apretado para permitir una circulación adecuada.

6. **Duración**

   A. Deja la cataplasma durante el tiempo recomendado, normalmente entre 20 y 30 minutos.

   B. Durante este tiempo, es posible que sientas una sensación calmante y refrescante.

7. **Eliminación**

   A. Pasado el tiempo designado, retira con cuidado la cataplasma. Puedes limpiar suavemente cualquier resto de pasta de hierbas con un paño limpio y húmedo.

8. **Seguimiento**

A. Dependiendo de la afección que se esté tratando, es posible que debas repetir la aplicación de la cataplasma varias veces al día durante varios días o hasta que el problema mejore.

Hierbas aptas para cataplasmas

Diversas hierbas son comúnmente empleadas en cataplasmas debido a sus propiedades curativas. A continuación, te presento algunos ejemplos:

- Consuelda

    - Conocida por sus propiedades antiinflamatorias y curativas de heridas, la consuelda se usa a menudo en cataplasmas para lesiones, contusiones y esguinces.

- Plátano

    - Las hojas de plátano se utilizan para calmar picaduras de insectos e irritaciones menores de la piel.

- Caléndula

    - Las flores de caléndula tienen propiedades antibacterianas y antiinflamatorias, lo que las hace adecuadas para la cicatrización de heridas y afecciones de la piel.

- Manzanilla

    La manzanilla es conocida por sus efectos calmantes y antiinflamatorios, lo que la hace útil para calmar las irritaciones de la piel y promover la relajación.

Además, asegúrate de no ser alérgico a las hierbas elegidas antes de aplicar cataplasmas en la piel.

Tinturas

Las tinturas son extractos altamente concentrados de hierbas obtenidos al remojarlas en alcohol o vinagre. Este método extrae eficazmente los compuestos esenciales de las hierbas, preservando su potencia durante períodos prolongados. Las tinturas proporcionan una forma cómoda y versátil de administrar remedios a base de hierbas, ya sea interna o externamente. A continuación, encontrarás una guía detallada sobre los usos, preparación y hierbas adecuadas para la elaboración de tinturas:

Usos

Las tinturas tienen una amplia gama de aplicaciones y ofrecen varias ventajas.

1. Versatilidad: Las tinturas pueden ingerirse por vía oral o usarse tópicamente, lo que las hace adaptables a diversas necesidades de salud y bienestar.
2. *Vida útil prolongada*: en comparación con las hierbas frescas, las tinturas tienen una vida útil más larga, lo que te permite tener remedios a base de hierbas a mano durante un período prolongado.
3. *Comodidad*: Las tinturas son fáciles de administrar y dosificar con precisión gracias a su forma líquida.

Hacer tinturas de hierbas

Crear tus tinturas de hierbas es un proceso sencillo. Aquí están los pasos a seguir:

1. Selecciona tus hierbas

    A. Comienza eligiendo las hierbas que deseas utilizar para tu tintura.

    B. Considera tu propósito previsto, ya que diferentes hierbas ofrecen diversos beneficios para la salud.

2. Prepara las hierbas

    A. Tritura finamente o muele las hierbas seleccionadas. Puedes emplear hierbas frescas o secas, según lo que tengas disponible.

3. Elige tu líquido base

    A. El líquido base para las tinturas suele ser alcohol (como vodka o brandi) o vinagre (como vinagre de sidra de manzana). El alcohol es una opción común porque extrae eficazmente compuestos herbales y actúa como conservante.

4. Combina hierbas y líquido

    A. Coloca las hierbas preparadas en un frasco de vidrio limpio y cúbrelas con el líquido elegido.

    B. Asegúrate de que las hierbas estén completamente sumergidas.

5. Sella y almacena

    A. Sella bien el frasco y guárdalo en un lugar oscuro y fresco durante varias semanas.

    B. Es imprescindible agitar el tarro diariamente durante este periodo para facilitar el proceso de extracción.

6. Cuela y embotella

    A. Después del período de infusión (generalmente de unas pocas semanas a un mes), cuela el líquido a través de un colador de malla fina o una gasa para eliminar los sólidos de la hierba.

    B. Transfiere el líquido resultante, ahora tu tintura de hierbas, a frascos cuentagotas de vidrio de color ámbar para facilitar su dispensación y almacenamiento.

Hierbas adecuadas para tinturas

Muchas hierbas son apropiadas para la elaboración de tinturas, y cada una proporciona diversos beneficios para la salud. A continuación, se presentan algunos ejemplos:

- Equinácea
    - Las tinturas de equinácea se usan comúnmente para apoyar el sistema inmunológico y combatir infecciones.
- Valeriana
    - Las tinturas de valeriana son conocidas por sus propiedades calmantes e inductoras del sueño, lo que las hace útiles para controlar el estrés y el insomnio.

- Ajo
    - Las tinturas de ajo se utilizan por sus posibles beneficios cardiovasculares y apoyo al sistema inmunológico.
- Bálsamo de limón
    - Las tinturas de bálsamo de limón son apreciadas por sus efectos calmantes y mejoradores del estado de ánimo, y a menudo se utilizan para aliviar la ansiedad y el estrés.

Es importante tener en cuenta que la potencia y eficacia de las tinturas pueden variar según factores como la proporción de hierba a líquido y la duración del proceso de extracción. Además, las tinturas deben usarse con cuidado y es recomendable consultar con un profesional de la salud o un herbolario, especialmente cuando las usas para condiciones de salud específicas o si estás embarazada, amamantando o tomando medicamentos. Sigue siempre las dosis y pautas recomendadas proporcionadas para la tintura específica que estés utilizando.

Ungüentos

Los ungüentos son preparaciones terapéuticas creadas al infundir hierbas en aceite o grasa, las cuales luego se mezclan con cera de abejas para lograr una consistencia sólida y fácil de aplicar. Estas versátiles preparaciones a base de hierbas son apropiadas para abordar una variedad de problemas cutáneos y proporcionan propiedades hidratantes y protectoras. A continuación, se presenta una descripción completa de los usos, la preparación y las hierbas adecuadas para elaborar ungüentos a base de hierbas.

Usos

Los ungüentos son muy eficaces para diversas aplicaciones del cuidado de la piel debido a sus cualidades emolientes y protectoras.

1. *Curación de la piel:* Los ungüentos se destacan por promover la curación de irritaciones menores de la piel, como cortes, quemaduras, raspaduras y picaduras de insectos.

2. *Hidratación:* Retienen la humedad, lo que los hace beneficiosos para calmar la piel seca y agrietada.

3. *Barrera protectora:* Los ungüentos crean una barrera protectora sobre la piel, protegiéndola contra elementos ambientales y previniendo daños mayores.

Crear ungüentos a base de hierbas

Hacer ungüentos a base de hierbas implica varios pasos, desde la infusión de hierbas hasta la solidificación:

1. Infusión de hierbas

    A. Comienza seleccionando hierbas frescas o secas conocidas por sus propiedades curativas. Las opciones más comunes incluyen caléndula, hierba de San Juan, lavanda y árnica.

    B. Infunde estas hierbas en un aceite portador, como aceite de oliva o aceite de coco, usando un método de baño maría o una olla de cocción lenta.

    C. El proceso de calentamiento lento y suave permite que el aceite absorba los compuestos beneficiosos de las hierbas.

2. Colar

    A. Después de que se haya infundido el aceite (generalmente durante varias horas o algunas semanas), cuela las hierbas.

    B. Este aceite infundido es la base de tu ungüento.

3. Incorporación de cera de abejas

    A. Derrite la cera de abejas por separado y combínala con el aceite de hierbas infundido.

    B. La proporción de cera de abejas y aceite determina la consistencia final de tu ungüento, y más cera de abejas da como resultado un producto más firme.

4. Mezclar

A. Mezcla bien la cera de abejas derretida y el aceite infundido para crear una mezcla uniforme.

5. Verter y enfriar

    A. Vierte la mezcla caliente en recipientes o latas adecuadas para tu ungüento.

    B. Deja que se enfríe y solidifique, formando una pomada semisólida.

Hierbas adecuadas para ungüentos

Se puede utilizar una amplia variedad de hierbas para preparar ungüentos a base de hierbas, cada una de las cuales ofrece beneficios únicos para el cuidado de la piel. Aquí hay algunas hierbas de uso común.

- Caléndula
    - Conocida por sus propiedades calmantes y antiinflamatorias, la caléndula se utiliza a menudo en ungüentos para promover la curación de la piel.
- Lavanda
    - Los ungüentos de lavanda son valorados por sus efectos calmantes y antimicrobianos, lo que los hace útiles para cortes menores, quemaduras y picaduras de insectos.
- Hierba de San Juan
    - Se incorpora en ungüentos debido a su capacidad para aliviar el dolor nervioso, las quemaduras leves y las molestias musculares.
- Árnica
    - Los ungüentos de árnica se aplican tópicamente para reducir la inflamación, aliviar los dolores musculares y aliviar el dolor asociado con hematomas y esguinces.

Estos ejemplos representan solamente una fracción de las hierbas que se pueden incorporar en las preparaciones de ungüentos. La elección de las hierbas dependerá de los problemas específicos de la piel que quieras tratar y de las propiedades terapéuticas que busques en tu ungüento. Asegúrate siempre de que las hierbas que utilizas sean seguras y apropiadas para la aplicación prevista.

Tés

Los tés de hierbas son remedios simples pero potentes que se crean al remojar hierbas secas en agua caliente. Esta práctica centenaria es una de las formas más accesibles y divertidas de aprovechar el poder curativo de las plantas. A continuación, se ofrece una descripción completa de los usos, las técnicas de elaboración y las hierbas adecuadas para preparar infusiones de hierbas relajantes y terapéuticas:

Usos

Los tés de hierbas son conocidos por sus múltiples beneficios para la salud y han sido disfrutados durante generaciones para tratar una variedad de problemas de bienestar.

1. *Ayuda digestiva:* Los tés de menta y jengibre pueden ayudar a aliviar las molestias digestivas, incluidas la hinchazón y la indigestión.

2. *Disminución del estrés:* El té de manzanilla es apreciado por sus efectos calmantes, lo que lo convierte en una excelente opción para relajarse y favorecer el sueño.

3. *Apoyo inmunológico:* Los tés de equinácea y saúco son opciones populares para estimular el sistema inmunológico y protegerse de resfriados e infecciones.

4. *Antiinflamatorio:* La cúrcuma y el té verde contienen potentes antioxidantes que combaten la inflamación y promueven la salud general.

5. *Salud del corazón:* El té de hibisco se ha relacionado con una mejor salud del corazón al reducir la presión arterial y los niveles de colesterol.

6. *Elixires de hierbas:* muchos tés de hierbas proporcionan una variedad de vitaminas, minerales y antioxidantes que contribuyen al bienestar general.

Prepara tés de hierbas

Hacer té de hierbas es un proceso sencillo que te permite adaptar el sabor y la potencia a tu gusto.

1. Hierve el agua

    A. Comienza poniendo a hervir agua fresca y fría. La cantidad de agua dependerá de la cantidad de tazas de té que desees preparar.

2. Selecciona las hierbas

    A. Elige las hierbas que desees, ya sean secas o frescas, y colócalas en una tetera o taza. La cantidad de hierbas varía según tu preferencia y la potencia de la hierba.

3. Vierte agua hirviendo

    A. Hazlo directamente sobre las hierbas. Usa alrededor de 1 a 2 cucharaditas de hierbas secas por 8 onzas (240 ml) de agua.

    B. Ajusta la cantidad según el sabor y la fuerza.

4. Cubre y deja reposar

    A. Cubre la tetera o taza con una tapa o un platillo para retener los compuestos aromáticos.

    B. Deja reposar las hierbas durante el tiempo recomendado, normalmente de 5 a 15 minutos. Dejar reposar demasiado tiempo puede resultar en un sabor amargo.

5. Cuela y disfruta

    A. Después de remojar, cuela el líquido para eliminar las hierbas y transfiere el té a una taza limpia.

    B. Endulza con miel, agrega una rodaja de limón o disfrútalo solo, según tu preferencia.

Hierbas adecuadas para tés

El mundo de los tés de hierbas ofrece una amplia selección de hierbas, cada una con su perfil de sabor y beneficios para la salud únicos. A continuación, se muestran algunas hierbas de uso común para preparar tés de hierbas.

- Menta
    - Reconocida por sus propiedades refrescantes y digestivas, el té de menta puede aliviar la indigestión y aliviar el malestar estomacal.

- Manzanilla
  - El té de manzanilla es famoso por sus efectos calmantes y sedantes, lo que lo convierte en una opción popular para relajarse y dormir.
- Jengibre
  - El té de jengibre es una opción versátil conocida por sus beneficios digestivos y antiinflamatorios, que a menudo se usa para aliviar las náuseas.
- Hibiscus
  - El té tiene un color rojo vibrante y es apreciado por su potencial para reducir la presión arterial y apoyar la salud cardiovascular.
- Equinácea
  - El té de equinácea es un remedio de referencia para el apoyo inmunológico y ayuda a defenderte de resfriados e infecciones.

Estos son solamente algunos ejemplos de las innumerables hierbas disponibles para elaborar infusiones. La elección de las hierbas debe alinearse con tus objetivos de bienestar y preferencias de sabor. Asegúrate siempre de que las hierbas que selecciones sean seguras para el consumo, especialmente si tienes problemas de salud subyacentes o estás embarazada o amamantando. Experimentar con diferentes hierbas puede conducir al descubrimiento de combinaciones deliciosas y terapéuticas que satisfagan tus necesidades únicas.

Infusiones y decocciones

Las infusiones y decocciones son preparaciones a base de hierbas que se parecen mucho a los tés de hierbas, pero difieren en las partes de la planta utilizadas y los métodos de maceración. Estos métodos han sido apreciados durante siglos por su capacidad para aprovechar el poder curativo de las hierbas de diferentes maneras.

Infusiones versus decocciones: elaboración con precisión

Las *infusiones* implican principalmente el uso de partes delicadas de las plantas, como hojas y flores. Estas tiernas partes de la planta se tratan con un método de maceración más suave.

Las *decocciones*, por otro lado, se ocupan de la dureza de partes de las plantas como raíces, corteza y semillas. Estos materiales robustos requieren un enfoque más sólido, que incluye hervir para extraer completamente sus propiedades terapéuticas.

Utilizar infusiones y decocciones: revelando su versatilidad

Tanto las infusiones como las decocciones sirven para multitud de propósitos, ofreciendo una amplia gama de aplicaciones, tanto internas como externas.

1. *Consumo interno:* Consumir estas infusiones de hierbas puede ayudar a abordar una variedad de problemas de salud, como malestar digestivo, relajación, fortalecimiento del sistema inmunológico y otros.
2. *Aplicaciones externas:* Más allá del uso interno, estas infusiones a base de hierbas se pueden emplear externamente para calmar las irritaciones de la piel, favorecer la salud del cabello y promover el bienestar general.

Elaboración de infusiones y decocciones: la artesanía de la alquimia herbaria

Para una infusión:

1. Comienza seleccionando partes delicadas de las plantas, como hojas y flores, que se adapten a tus necesidades de bienestar.
2. Coloca las hierbas elegidas en una tetera o taza limpia, dejando espacio para la expansión.
3. Hierve agua y viértela sobre las hierbas.
4. Cubre la infusión y déjala reposar durante el tiempo recomendado, que normalmente oscila entre 5 y 15 minutos.
5. Después del remojo, cuela y sirve la aromática y sabrosa infusión de hierbas.

Para una decocción:

1. Pon tu atención a las partes más resistentes de la planta, incluidas las raíces y la corteza, según los beneficios terapéuticos que desees.
2. Coloca estas resistentes hierbas en una cacerola con agua fría.
3. Lleva la mezcla a ebullición lentamente.
4. Déjala hervir a fuego lento durante un período prolongado, que generalmente oscila entre 20 y 30 minutos, lo que garantiza una extracción sólida de los compuestos curativos de la planta.
5. Después de hervir a fuego lento, cuela la decocción y consúmela, saboreando la rica esencia terrosa de las hierbas.

Hierbas diseñadas para infusiones y decocciones: elaboración de elixires líquidos

Numerosas hierbas están listas para adornar tus infusiones y decocciones con sus beneficios terapéuticos únicos. Algunos ejemplos incluyen:

- Hojas de ortiga (Infusión)
    - Veneradas por su rico perfil nutricional, las infusiones de hojas de ortiga proporcionan nutrición y vitalidad.
- Raíz de bardana (decocción)
    - Conocidas por sus propiedades desintoxicantes, las decocciones de raíz de bardana favorecen el bienestar general y una piel radiante.

Adopta el ancestral arte de elaborar infusiones y decocciones, descubriendo los secretos del botiquín natural, sorbo a sorbo.

Aceites esenciales

Los aceites esenciales son potentes elixires de la naturaleza que capturan la esencia aromática y terapéutica de las hierbas a través de meticulosos métodos de extracción. Estos extractos concentrados ofrecen una multitud de aplicaciones para mejorar el bienestar y promover la salud integral.

Usos de los aceites esenciales: elevar el bienestar

- *Aromaterapia:* Los aceites esenciales son altamente apreciados en la aromaterapia por su habilidad para influir en el estado de ánimo, disminuir el estrés y establecer un ambiente armonioso. Al difundirlos mediante dispositivos especializados o incluso a través de sencillos quemadores de aceite, podrás sumergirte en su envolvente fragancia.

- *Aplicación tópica:* Cuando se diluyen de manera experta con aceites portadores como jojoba, coco o almendras, los aceites esenciales se vuelven seguros para la aplicación directa en la piel. Este método es valioso para la terapia de masajes, el cuidado de la piel y el alivio específico de diversas molestias.

- *Inhalación:* La inhalación de los vapores de los aceites esenciales, a menudo mediante la inhalación de vapor, puede proporcionar alivio respiratorio y promover la relajación. Unas gotas de aceite esencial en agua caliente pueden crear una solución para inhalación que alivia la congestión y calma los sentidos.

Obtención de aceites esenciales: artesanía embotellada

El proceso de extracción de aceites esenciales de partes de plantas aromáticas es un trabajo de amor, que da como resultado elixires altamente concentrados que deben usarse con cuidado. Dos métodos de extracción principales producen estos preciosos aceites:

- Destilación al vapor
    - Este método tradicional implica hacer pasar vapor a través del material vegetal para vaporizar los compuestos volátiles. Luego, el vapor y los aceites volátiles se condensan, separando el aceite esencial del agua.
- Prensado en frío
    - Algunas partes de las plantas, en particular las de los cítricos, producen sus aceites esenciales mediante prensado en frío. En este método, la cáscara o corteza se presiona mecánicamente para liberar los aceites. Los aceites resultantes son ricos en fragancias y propiedades terapéuticas.

Hierbas aptas para aceites esenciales: Perfumería de la naturaleza

No todas las hierbas son iguales cuando se trata de extracción de aceites esenciales. Algunas hierbas son reconocidas por su potencia aromática y versatilidad terapéutica. Aquí hay algunos ejemplos notables:

- Lavanda
    - El aceite esencial de lavanda es famoso por sus propiedades calmantes. Promueve la relajación, alivia el estrés y es un aceite versátil que se utiliza en una amplia gama de aplicaciones, desde ayudas para dormir hasta el cuidado de la piel.

- Menta
    - El aceite esencial de menta es vigorizante y se utiliza a menudo para aumentar el estado de alerta mental y aliviar los dolores de cabeza. También tiene propiedades antimicrobianas y puede ser útil para problemas digestivos cuando se diluye y se aplica tópicamente o se inhala.

- Eucalipto
    - El aceite esencial de eucalipto es un campeón respiratorio. Su aroma vigorizante puede ayudar a despejar las vías respiratorias congestionadas, lo que lo convierte en un remedio ideal durante la temporada de resfriados y gripe.

- Árbol de té
    - El aceite esencial de árbol de té es conocido por sus propiedades antimicrobianas. Se utiliza para tratar diversas afecciones de la piel, desde acné hasta infecciones por hongos. También es apreciado por sus capacidades limpiadoras y purificadoras.

Aprovechar el poder de los aceites esenciales requiere respetar su naturaleza concentrada. Dilúyelos siempre adecuadamente, haz pruebas en la piel y sigue las pautas recomendadas para garantizar una experiencia segura y agradable. Ya sea que estés buscando relajación, alivio del malestar o simplemente una forma natural de infundir fragancias deliciosas en tu entorno, los aceites esenciales son una valiosa incorporación a tu conjunto de herramientas de salud holística.

Cápsulas o tabletas

Las cápsulas y tabletas son maravillas modernas que resumen el potencial curativo de las hierbas secas y ofrecen una forma conveniente y estandarizada de incorporar remedios herbales a tu rutina diaria de bienestar.

Usos: la comodidad se une a la precisión

- *Conveniencia:* Las cápsulas y tabletas son quizás la forma más fácil de consumir remedios a base de hierbas. Eliminan la necesidad de realizar preparaciones complejas o medir polvos de hierbas, lo que hace que su consumo sea tan fácil como tragarse una pastilla.
- *Dosis estandarizada:* Para aquellos que buscan dosis precisas y consistentes de hierbas, las cápsulas y tabletas representan una opción confiable. Aseguran la administración de una cantidad uniforme de la hierba en cada toma, mejorando la capacidad para gestionar la salud de manera eficaz.

Creación de cápsulas y tabletas de hierbas: precisión en el trabajo

- Seleccionar hierbas
    - El proceso comienza con la cuidadosa selección de hierbas secas adecuadas al objetivo de salud deseado. Por ejemplo, si lo que buscas es apoyo inmunológico, se pueden elegir hierbas como la equinácea o el ajo.
- Moler
    - Las hierbas elegidas se muelen finamente hasta obtener un polvo consistente. Este paso es fundamental para garantizar la uniformidad en cada cápsula o comprimido.
- Encapsular
    - En el caso de las cápsulas, las cápsulas vegetales vacías se llenan con hierbas en polvo utilizando un equipo especializado. Luego, las cápsulas se sellan, creando un sistema de administración de hierbas discreto y portátil.
- Compresión de tabletas

- Las tabletas, por otro lado, se crean comprimiendo las hierbas en polvo en formas compactas utilizando maquinaria diseñada para este propósito. Los comprimidos resultantes son fáciles de manipular y tragar.

Hierbas aptas para cápsulas y tabletas: un mundo de opciones

La elección de hierbas para encapsular o convertir en tabletas depende del propósito previsto y de los beneficios para la salud deseados. A continuación, se presentan algunos ejemplos:

- Equinácea
    - Conocidas por sus propiedades de estimulación inmunológica, las cápsulas o tabletas de equinácea son opciones populares, especialmente durante la temporada de resfriados y gripe.

- Ginkgo Biloba
    - Esta hierba frecuentemente se encapsula para brindar apoyo cognitivo, lo que potencialmente mejora la memoria y la función cognitiva.

- Ajo
    - Las cápsulas de ajo son apreciadas por sus beneficios cardiovasculares y su respaldo al sistema inmunológico.

- Ginseng
    - Las tabletas de ginseng se utilizan para aumentar la energía, el estado de alerta mental y la vitalidad general.

- Cúrcuma
    - Las cápsulas de cúrcuma contienen curcumina, un potente compuesto antiinflamatorio, lo que las convierte en la mejor opción para la salud de las articulaciones y el bienestar general.

Las cápsulas y tabletas proporcionan una manera conveniente y eficaz de incorporar remedios a base de hierbas en tu rutina diaria. Te permiten disfrutar de los beneficios de las hierbas sin la molestia de la preparación, y sus dosis estandarizadas aseguran que recibas un respaldo constante y confiable para tus objetivos de salud y bienestar. Siempre sigue las dosis recomendadas y consulta con un profesional de la salud, especialmente si tienes problemas de salud subyacentes o estás embarazada o amamantando.

Jarabes

Los jarabes de hierbas no solamente son un placer delicioso para el paladar, sino también un remedio natural con un toque de dulzura. Ofrecen una forma deliciosa de consumir hierbas, especialmente para los niños o aquellos que prefieren un sabor agradable además de sus beneficios terapéuticos.

Usos: Dulce sorbo de alivio

- *Elixir oral:* Los jarabes de hierbas se administran por vía oral, lo que los hace fáciles de consumir, incluso para quienes pueden tener dificultades para tragar pastillas o cápsulas.
- *Alivio de dolencias:* Estas infusiones dulces tienen el potencial de proporcionar alivio para diversas dolencias, desde mitigar el dolor de garganta hasta aliviar la tos y brindar apoyo al sistema inmunológico.

Creación de jarabes de hierbas: la dulce ciencia se une a la curación a base de hierbas

1. Selección de hierbas
    A. El proceso comienza con la elección de hierbas específicas conocidas por sus propiedades medicinales.
    B. La elección depende del uso previsto. Por ejemplo, el jarabe de saúco favorece el apoyo inmunológico.
2. Mezcla de edulcorantes
    A. Las hierbas seleccionadas se combinan con un edulcorante, a menudo azúcar, miel o una base de almíbar. El dulzor no solamente realza el sabor sino que también ayuda a conservar el almíbar.
3. Calentamiento e infusión

A. La mezcla de hierbas y edulcorante se calienta suavemente para permitir que las hierbas liberen sus compuestos terapéuticos en el almíbar.

   B. Este proceso de infusión es crucial para capturar los beneficios de las hierbas.

4. Colado y almacenamiento

   A. Una vez que el almíbar ha absorbido la esencia de las hierbas, se cuela para retirar el material vegetal sólido.

   B. El líquido resultante se almacena en un recipiente sellado, listo para su consumo.

Hierbas aptas para almíbar: una sinfonía de sabores y beneficios para la salud

La elección de las hierbas para hacer almíbar depende de los beneficios para la salud y los perfiles de sabor deseados. Aquí tenemos algunos ejemplos:

- Saúco
  - Conocido por sus propiedades de estimulación inmunológica, el jarabe de saúco es una opción popular durante la temporada de resfriados y gripe.

- Tomillo
  - El jarabe de tomillo puede ayudar a calmar la tos y las molestias respiratorias, lo que lo convierte en una opción reconfortante para las dolencias invernales.

- Regaliz
  - El jarabe de raíz de regaliz es conocido por sus propiedades antiinflamatorias y calmantes para la garganta, y se utiliza a menudo para la tos y el dolor de garganta.

- Miel y limón
  - Si bien no es una hierba, la combinación clásica de miel y limón es un jarabe calmante que se usa a menudo para aliviar los síntomas del resfriado y la gripe.

Los jarabes de hierbas ofrecen una manera deliciosa y conveniente de disfrutar los beneficios curativos de las hierbas mientras satisfacen tu gusto por lo dulce. Son especialmente útiles para niños que pueden ser resistentes a otras formas de remedios a base de hierbas.

Productos para el baño y el cuerpo

Los productos para el cuerpo y el baño con infusión de hierbas ofrecen una experiencia de baño lujosa y rejuvenecedora. Estos remedios a base de hierbas no solamente son un placer para los sentidos, sino que también brindan diversos beneficios terapéuticos, desde relajación hasta nutrición de la piel.

Usos: Mejora tu ritual de baño

1. *Promueven la relajación:* Los productos de baño a base de hierbas crean un ambiente relajante que ayuda a aliviar el estrés y promover la relajación. Las hierbas aromáticas pueden calmar la mente y reducir la tensión.
2. *Alivian la tensión muscular:* Las propiedades terapéuticas de las hierbas pueden ayudar a aliviar los dolores y molestias musculares, lo que hace que los baños de hierbas sean una excelente opción después de un día largo y extenuante.
3. *Beneficios para la piel:* Los productos de baño a base de hierbas pueden nutrir e hidratar la piel, dejándola suave, flexible y fresca. Algunas hierbas también tienen propiedades antiinflamatorias que pueden beneficiar la piel irritada.

Incorporación de hierbas en productos del baño: el abrazo tranquilizador de la naturaleza

1. Hierbas secas

- A. Las hierbas secas, como la lavanda, los pétalos de rosa y la caléndula, se utilizan habitualmente en los productos de baño a base de hierbas. Estas hierbas se seleccionan por sus cualidades aromáticas y propiedades calmantes para la piel.

2. Sales de baño

    A. La sal de Epsom o la sal marina suele ser la base de las sales de baño a base de hierbas. Para crear sales de baño a base de hierbas, se mezclan hierbas secas con las sales, infundiendo al agua del baño su esencia fragante y terapéutica.

3. Bombas de baño

    A. Las bombas de baño son esferas efervescentes que liberan hierbas y aceites esenciales cuando entran en contacto con el agua. Crean una experiencia de baño aromático y gaseoso que puede ser a la vez relajante y rejuvenecedor.

4. Aceites corporales

    A. Los aceites corporales con infusión de hierbas están diseñados para hidratar y nutrir la piel. Las hierbas están impregnadas de aceites portadores como el aceite de almendras o el aceite de jojoba para capturar sus propiedades curativas.

Hierbas aptas para productos de baño y corporales: una sinfonía de aromas y beneficios

- Lavanda
    - La lavanda es reconocida por sus propiedades relajantes y su capacidad para aliviar el estrés. Los productos con infusión de lavanda generan una experiencia de baño serena.
- Pétalos de rosas
    - Las rosas no solamente son aromáticas sino que también ofrecen beneficios para la piel. Los productos con infusión de rosas pueden ayudar a hidratar y rejuvenecer la piel.
- Caléndula

- La caléndula es conocida por sus propiedades antiinflamatorias y calmantes para la piel. Es una excelente opción para pieles sensibles o irritadas.

- Manzanilla
  - La manzanilla es conocida por sus propiedades calmantes y antiinflamatorias. Puede ayudar a reducir la irritación de la piel y promover la relajación.

Los productos para el baño y el cuerpo con infusión de hierbas brindan una forma natural y holística de relajarse y mimarse. Ya sea que elijas sumergirte en un baño de hierbas, disfrutar de la efervescencia de una bomba de baño o disfrutar de la nutrición de los aceites corporales, estos productos ofrecen un escape sensorial al mismo tiempo que contribuyen a tu bienestar general.

Cremas y lociones

Las cremas y lociones a base de hierbas son como un regalo natural para tu piel. Estas exquisitas mezclas se crean con esmero para calmar, rejuvenecer y abordar diversas problemáticas cutáneas, ofreciendo un enfoque holístico para el cuidado de la piel.

Usos: Mima tu piel de forma natural

1. Calmante de la piel: Las cremas y lociones a base de hierbas se aplican tópicamente para aliviar problemas comunes de la piel como sequedad, picazón e irritación. Las hierbas que se infunden en estos productos pueden tener efectos antiinflamatorios y calmantes en la piel.

2. Hidratación y nutrición: Estos productos están diseñados para hidratar y nutrir tu piel, dejándola suave, flexible y radiante. Hierbas como el aloe vera y la manzanilla son conocidas por sus propiedades humectantes.

3. Además de proporcionar humedad, las cremas y lociones a base de hierbas pueden favorecer el proceso de curación natural de la piel. Las hierbas como la

consuelda se utilizan tradicionalmente por su potencial para acelerar la curación de cortes y contusiones menores.

Elaboración de cremas y lociones a base de hierbas: combinando ciencia y naturaleza

1. Infusión de hierbas

    A. El primer paso para hacer cremas y lociones a base de hierbas es infundir hierbas en aceites portadores.

    B. Las hierbas elegidas se combinan con aceites portadores como aceite de almendras o aceite de jojoba, lo que permite que los aceites absorban las propiedades terapéuticas de las hierbas con el tiempo.

2. Incorporar ingredientes amigables con la piel

    A. Una vez que las hierbas se han infundido en los aceites portadores, se mezclan con otros ingredientes respetuosos con la piel, como manteca de karité, cera de abejas y aceites esenciales, para crear una textura cremosa y lujosa.

    B. Estos ingredientes adicionales mejoran los efectos hidratantes y nutritivos del producto.

3. Preservación

    A. Se pueden agregar conservantes naturales, como la vitamina E, para prolongar la vida útil de las cremas y lociones a base de hierbas.

Hierbas adecuadas para cremas y lociones: El arsenal para el cuidado de la piel de la naturaleza

- Aloe Vera
    - Es conocido por sus propiedades hidratantes y calmantes. Es una opción popular para cremas y lociones diseñadas para hidratar y calmar la piel.
- Manzanilla

- La manzanilla es famosa por sus efectos antiinflamatorios y calmantes para la piel. Los productos con manzanilla se utilizan a menudo para aliviar la irritación y el enrojecimiento de la piel.

- Consuelda
    - La consuelda tiene una larga historia de uso en la medicina herbaria tradicional por su potencial para promover la curación de la piel. Puede encontrarse en cremas y lociones destinadas a favorecer la recuperación natural de la piel dañada.

- Lavanda
    - La lavanda es apreciada por su aroma relajante y su potencial para calmar las irritaciones de la piel. Es un ingrediente común en productos para el cuidado de la piel diseñados para relajar y aliviar la piel.

Las cremas y lociones a base de hierbas proporcionan un enfoque holístico para el cuidado de la piel, aprovechando el poder de la naturaleza para mimar y nutrir tu piel. Ya sea que busques aliviar la sequedad, calmar la irritación o simplemente disfrutar de una lujosa rutina de cuidado de la piel, estos productos ofrecen una solución natural y rejuvenecedora.

Gargarismos y enjuagues bucales

Las gárgaras y enjuagues bucales a base de hierbas son como un tratamiento de spa natural para la boca. Estas soluciones de limpieza bucal están enriquecidas con hierbas cuidadosamente seleccionadas para proporcionar una experiencia refrescante y terapéutica, al mismo tiempo que promueven una excelente salud bucal.

Usos: Fomentar tu bienestar bucal

1. *Combatir el mal aliento:* Las gárgaras y enjuagues bucales a base de hierbas son excelentes para combatir el mal aliento, también conocido como halitosis. Las hierbas con propiedades antimicrobianas naturales pueden ayudar a neutralizar las bacterias responsables de los olores desagradables.

2. *Apoyar la salud de las encías:* Hacer gárgaras con soluciones a base de hierbas puede contribuir a la salud de las encías. Hierbas como la salvia y la mirra se utilizan tradicionalmente por su potencial para calmar las encías y reducir la inflamación.
3. *Mejorar la higiene bucal:* estas soluciones a base de hierbas ofrecen una capa adicional de protección para tu rutina de higiene bucal. Pueden ayudar a eliminar residuos, placa y bacterias, promoviendo la limpieza bucal general.

Creación de gargarismos y enjuagues bucales a base de hierbas: mezcla de naturaleza e higiene

1. Infusión de hierbas
   A. El primer paso para hacer gárgaras y enjuagues bucales a base de hierbas es infundir hierbas seleccionadas en una base líquida, normalmente agua o alcohol.
   B. Esta infusión permite que el líquido absorba las propiedades beneficiosas de las hierbas.
2. Base de alcohol o agua
   A. Dependiendo de tu preferencia y de las hierbas específicas elegidas, puedes utilizar alcohol o agua como base para tus gárgaras o enjuague bucal. El alcohol puede actuar como conservante natural y tiene sus propias propiedades antimicrobianas.
3. Cuela y almacena
   A. Después de infundir las hierbas durante el período deseado, cuela el líquido para eliminar las partículas de hierbas.
   B. Guarda la solución de hierbas resultante en un recipiente limpio, preferiblemente uno con tapa hermética para mantener la frescura.

Hierbas aptas para hacer gárgaras y enjuagues bucales: los aliados bucales de la naturaleza

- Salvia
    - Es una opción popular por sus propiedades antimicrobianas y antiinflamatorias naturales. A menudo se utiliza para refrescar el aliento y promover la salud de las encías.
- Mirra
    - La resina de mirra es conocida por su potencial para apoyar la salud bucal al reducir la inflamación y combatir las bacterias. Es un remedio tradicional para los problemas de las encías.
- Caléndula
    - La caléndula, con sus cualidades calmantes y antiinflamatorias, puede ser una incorporación suave a los enjuagues bucales a base de hierbas. Puede ayudar a reducir la irritación bucal.

Las gárgaras y los enjuagues bucales a base de hierbas ofrecen un enfoque natural y refrescante para mantener la salud bucal. Proporcionan una experiencia relajante para la boca con infusión de hierbas, ayudando a combatir el mal aliento, promoviendo el bienestar de las encías y mejorando tu rutina diaria de higiene bucal. Ya sea que estés buscando una alternativa natural a los enjuagues bucales comerciales o simplemente desees incorporar el poder de las hierbas a tu cuidado bucal, estas soluciones pueden dejar tu boca revitalizada y rejuvenecida.

Compresas

Las compresas de hierbas ofrecen alivio a las áreas doloridas del cuerpo. Estas aplicaciones terapéuticas consisten en empapar un paño suave en decocciones o infusiones de hierbas, que luego se aplican en áreas específicas del cuerpo para proporcionar un alivio calmante de la inflamación y diversas afecciones de la piel.

Usos: Alivio específico para el malestar y la hinchazón localizados

1. *Inflamación:* Las compresas de hierbas son particularmente efectivas para reducir la inflamación en áreas específicas del cuerpo. Ya sea que se trate de una articulación adolorida, un músculo inflamado o una piel irritada, las hierbas de la compresa pueden ayudar a aliviar el malestar.
2. *Dolor localizado:* Son excelentes para tratar el dolor localizado, como las molestias asociadas con hematomas, lesiones menores o distensiones musculares. Las propiedades herbales actúan directamente sobre el área afectada.
3. *Condiciones de la piel:* Las compresas de hierbas también pueden aliviar diversas afecciones de la piel, incluidas quemaduras leves, picaduras de insectos, erupciones cutáneas e irritaciones. Las hierbas calmantes pueden ayudar a calmar la piel y promover la curación.

Elaboración de compresas de hierbas: un proceso suave y calmante

Decocciones o infusiones

A. Comienza preparando una decocción o infusión de hierbas. Una decocción consiste en hervir partes más duras de la planta, como raíces o corteza, mientras que una infusión se elabora con partes delicadas de la planta, como hojas y flores.

B. Deja que la mezcla de hierbas se enfríe a una temperatura agradable.

1. Remoja el paño

   A. Toma un paño o gasa suave y limpia y sumérgelo en la decocción o infusión de hierbas. Asegúrate de que el paño esté saturado, pero no goteando.

2. Aplicación

   A. Exprime suavemente el exceso de líquido del paño y aplícalo en la zona afectada.

B. Puedes asegurarlo en su lugar con una venda o una envoltura para mantenerlo en su posición.

3. Duración

    A. Deja la compresa de hierbas en su lugar durante el tiempo recomendado, generalmente de 20 a 30 minutos, o según te indique tu proveedor de atención médica o herbolario.

Hierbas aptas para compresas: los reconfortantes aliados de la naturaleza

- Hamamelis
  - Conocido por sus propiedades astringentes y antiinflamatorias. A menudo se utiliza en compresas para calmar la piel irritada o inflamada y reducir la hinchazón.

- Manzanilla
  - Conocida por sus efectos calmantes y antiinflamatorios. Puede ser particularmente calmante para irritaciones de la piel y quemaduras leves.

- Milenrama
  - Con un extenso historial en la medicina herbaria tradicional debido a su capacidad para reducir la inflamación y fomentar la curación, puede resultar beneficioso para varias afecciones de la piel y molestias localizadas.

Las compresas de hierbas ofrecen un enfoque suave y natural para aliviar el malestar y reducir la inflamación en áreas específicas del cuerpo. Ya sea que tengas dolores musculares, piel irritada o hinchazón localizada, estas aplicaciones calmantes brindan un alivio específico.

Polvos

Los polvos de hierbas son como el polvo versátil de la naturaleza: hierbas finamente molidas que pueden usarse de innumerables maneras para apoyar tu salud y bienestar.

Estos polvos de textura fina se crean moliendo hierbas hasta convertirlas en polvo y se pueden integrar perfectamente en tu rutina diaria.

Usos: Cómo pueden beneficiarte

1. *Bebidas:* Una de las maneras más sencillas y habituales de emplear polvos de hierbas es añadiéndolos a tus bebidas preferidas. Ya sea en un té de hierbas relajante, un batido nutritivo o incluso simplemente en un vaso de agua, los polvos de hierbas se pueden mezclar fácilmente para añadir más sabor y aprovechar sus beneficios para el bienestar.

2. *Batidos:* Los polvos de hierbas son una fantástica incorporación a tu batido matutino o post-entrenamiento. Pueden mejorar el valor nutricional e introducir bondades herbales en tu rutina diaria.

3. *Aplicaciones tópicas:* Algunos polvos de hierbas también son adecuados para uso tópico. Se pueden mezclar con agua o aceites portadores para crear pastas o ungüentos para el cuidado de la piel y el cabello.

4. *Cápsulas:* Si buscas una dosificación más cómoda y precisa, los polvos de hierbas pueden ser encapsulados en cápsulas vegetales vacías. Este método es perfecto para garantizar una ingesta estandarizada.

Elaboración de polvos de hierbas: un proceso de molienda simple

1. Seleccionar las hierbas

    A. Comienza seleccionando las hierbas que se alineen con tus objetivos específicos de salud y bienestar. Cada hierba tiene propiedades únicas, así que puedes elegir las que satisfagan tus necesidades.

2. Secar

    A. Asegúrate de que las hierbas estén completamente secas para evitar que el contenido de humedad pueda afectar la textura y la vida útil del polvo.

3. Moler

- A. Usando un molinillo o mortero limpio y seco, muele las hierbas secas hasta obtener un polvo fino. Puedes ajustar el grosor del polvo según tus preferencias y el uso previsto.

4. Almacenar

    - A. Guarda tus polvos de hierbas en recipientes herméticos en un lugar fresco y seco, lejos de la luz solar directa. El almacenamiento adecuado ayuda a mantener su potencia y frescura.

Hierbas aptas para polvos: el arsenal de bienestar de la naturaleza

- Ashwagandha
    - Es apreciada en la medicina ayurvédica por sus propiedades adaptógenas. A menudo se usa para la reducción del estrés y el bienestar general.
- Cúrcuma
    - Conocida por sus poderosas propiedades antiinflamatorias y antioxidantes, la cúrcuma es una opción popular en polvos de hierbas por su potencial para la salud de las articulaciones y la vitalidad general.
- Espirulina
    - Esta alga verdiazul está repleta de nutrientes, lo que la convierte en una valiosa incorporación a tu dieta. A menudo se utiliza por su potencial para aumentar la energía y apoyar la salud inmunológica.

Los polvos de hierbas ofrecen una forma cómoda y personalizable de incorporar los beneficios de las hierbas a tu rutina diaria. Ya sea que estés buscando mejorar tu bienestar, agregar sabor a tus bebidas o apoyar objetivos de salud específicos, estos tesoros de hierbas finamente molidos son tus aliados en el viaje hacia una persona más saludable y vibrante.

Jugos

Los jugos de hierbas son una forma vibrante y deliciosa de aprovechar los beneficios naturales de las hierbas frescas. Al extraer la esencia nutricional de estas maravillas verdes, puedes infundir vitalidad y bienestar a tu vida.

Usos: Cómo los jugos de hierbas pueden mejorar tu salud

1. *Nutrición potente:* Los jugos de hierbas son como oro líquido, repletos de vitaminas, minerales y antioxidantes que respaldan tu salud y bienestar general.
2. *Delicioso bienestar:* a diferencia de los suplementos sintéticos, los jugos de hierbas ofrecen un delicioso sabor de las bondades de la naturaleza. Pueden ser una deliciosa incorporación a tu rutina diaria.
3. *Apoyo digestivo:* algunas hierbas utilizadas en los jugos, como el jengibre, pueden ayudar a la digestión y calmar el estómago.
4. *Energía y vitalidad:* Los jugos de hierbas, especialmente aquellos que contienen hierbas energizantes como el pasto de trigo, pueden brindarte un impulso natural de energía para comenzar el día.

Extracción de jugos de hierbas: un proceso simple

1. Seleccionar las hierbas
    A. Comienza seleccionando hierbas frescas que se alineen con tus objetivos de salud. El perejil, el pasto de trigo y el jengibre son opciones excelentes, pero no dudes en explorar otras hierbas también.
2. Limpiar
    A. Asegúrate de que las hierbas estén limpias y libres de contaminantes. Es fundamental empezar con hierbas frescas y saludables.
3. Exprimir
    A. Utiliza un exprimidor o una licuadora para extraer la esencia de hierbas. Dependiendo de las hierbas y de tus preferencias, puedes exprimirlas solas o combinarlas para obtener sabores y beneficios únicos.

4. Disfrutar

    A. Es mejor consumir los jugos de hierbas frescos para obtener el máximo impacto nutricional. Bebe y saborea la vibrante bondad de la naturaleza.

Hierbas aptas para zumos: elixires de la naturaleza

- Perejil
    - Rico en vitamina C, vitamina K y antioxidantes, el jugo de perejil puede favorecer la salud inmunológica y contribuir a la vitalidad general.
- Hierba de trigo
    - Conocido como un superalimento, el jugo de pasto de trigo está repleto de vitaminas, minerales y clorofila. A menudo se utiliza para aumentar la energía y desintoxicar el cuerpo.
- Jengibre
    - El jugo de jengibre puede ayudar a la digestión, reducir la inflamación y proporcionar una sensación cálida y reconfortante.

Los jugos de hierbas son una incorporación deliciosa y nutritiva a tu vida diaria. Ya sea que estés buscando mejorar tu salud, aumentar tu energía o simplemente disfrutar de los deliciosos sabores de las hierbas frescas, estos elixires líquidos ofrecen un camino vibrante hacia una persona más saludable y vigorizada.

Pesarios y supositorios

Los pesarios y supositorios son formas herbarias sólidas y discretas que tienen el poder de brindar un alivio específico donde más lo necesitas. Estos remedios especializados se disuelven a la temperatura corporal, liberando los beneficios herbales precisamente donde se necesitan.

Usos: Alivio específico para condiciones específicas

1. *Alivio localizado:* Los pesarios y supositorios están diseñados para brindar alivio localizado, lo que los hace efectivos para tratar condiciones específicas.
2. *Salud vaginal:* Los pesarios vaginales se pueden utilizar para tratar problemas como candidiasis, vaginosis bacteriana o sequedad vaginal.
3. *Salud rectal:* Los supositorios se emplean a menudo para problemas rectales, como hemorroides o estreñimiento.

Creación de pesarios y supositorios: un arte terapéutico

1. Elige tus hierbas
    A. Selecciona hierbas que se ajusten a tus necesidades de salud. Se pueden elegir la caléndula, el árbol del té, la onagra y otras hierbas en función de sus propiedades terapéuticas.
2. Prepara la base
    A. Crea una base para tu pesario o supositorio utilizando ingredientes como manteca de cacao o aceite de coco. Estas bases ayudan a solidificar la mezcla de hierbas.
3. Infundir
    A. Infunde las hierbas elegidas en la base calentando suavemente. Este proceso permite que las propiedades de las hierbas se mezclen con el material base.
4. Molde
    A. Vierte la mezcla infundida en moldes o formas adecuadas. Deja solidificar, formando el pesario o supositorio.
5. Almacenamiento
    A. Guarda tus pesarios y supositorios terminados en un lugar fresco y seco para evitar que se derritan.

Hierbas adecuadas para pesarios y supositorios: los aliados curativos de la naturaleza

- Caléndula
    - Conocida por sus propiedades calmantes y antiinflamatorias, la caléndula se utiliza a menudo en pesarios vaginales para promover la curación.
- Árbol del té
    - Con sus poderosas cualidades antifúngicas y antibacterianas, el aceite de árbol de té se puede usar en pesarios para tratar infecciones bacterianas o por hongos.
- Onagra
    - Rico en ácidos grasos esenciales, el aceite de onagra se puede incorporar en supositorios para favorecer la salud rectal.

Los pesarios y supositorios son una forma discreta y eficaz de abordar problemas de salud específicos con el poder de los remedios a base de hierbas. Ya sea que busques alivio para las molestias vaginales o los problemas rectales, estos remedios específicos pueden ofrecerte el apoyo localizado que necesitas.

Respeta siempre las dosis recomendadas y consulta con un profesional de la salud, especialmente si tienes problemas de salud subyacentes o estás embarazada o amamantando.

Obtén tus hierbas de forma ética para garantizar la sostenibilidad y proteger los ecosistemas naturales. Considera hierbas de proveedores acreditados que prioricen las prácticas éticas.

ESSENTIAL OILS

Capítulo 3: Obtención y almacenamiento de ingredientes naturales

Obtener y almacenar ingredientes naturales para tus remedios a base de hierbas es esencial para mantener su frescura, potencia y eficacia. A continuación se ofrecen algunos consejos para obtener y almacenar ingredientes naturales.

Obteniendo tus ingredientes

Además de tu propio jardín, puedes obtener ingredientes y remedios naturales de diferentes fuentes. A continuación, se ofrecen algunos consejos y trucos que te ayudarán a elegir los mejores.

1. Elige empresas que etiqueten las fechas de las hierbas

   Al comprar hierbas e ingredientes, busca empresas que etiqueten las fechas de las hierbas para comprobar su frescura. Esta información te ayuda a saber cuánto tiempo han estado almacenadas las hierbas.

2. Investiga y confía en fuentes acreditadas

   Asegúrate de obtener tus hierbas e ingredientes de proveedores acreditados. Investiga su reputación, opiniones de clientes y certificaciones para verificar su calidad.

3. Considera la sostenibilidad y las certificaciones

   Prioriza empresas que sigan prácticas sustentables y éticas. Busca certificaciones como orgánica, de comercio justo o de cosecha silvestre cuando corresponda a las hierbas que estás comprando.

4. Verifica las advertencias relevantes y consulta a los profesionales

   Algunas hierbas pueden tener contraindicaciones o interacciones con medicamentos. Siempre comprueba si hay advertencias relevantes o consulta con profesionales de la salud, especialmente si tienes condiciones de salud específicas.

5. Utiliza hierbas de alta calidad y sin contaminantes

    La calidad importa. Elige hierbas que estén libres de contaminantes y pesticidas. Invierte en ingredientes de alta calidad para obtener los mejores resultados.

6. Utiliza las partes de las plantas más potentes

    En la medicina herbaria, las diferentes partes de las plantas tienen distintos niveles de potencia. Asegúrate de utilizar la parte de la planta que sea más eficaz para el propósito previsto.

7. Verifica la preparación y la dosis adecuada

    Asegúrate de preparar y dosificar tus remedios a base de hierbas correctamente. Sigue recetas y pautas confiables para evitar posibles efectos secundarios o ineficacia.

8. Inspecciona las etiquetas en busca de información y fechas de vencimiento

    Lee atentamente las etiquetas para comprender el origen de la hierba, los métodos de preparación y las fechas de vencimiento. La frescura es clave para la eficacia.

9. Garantiza la frescura y el almacenamiento adecuado

    Cuando recibas tus hierbas e ingredientes, guárdalos adecuadamente para mantener su frescura y potencia.

Almacenamiento de ingredientes y remedios naturales

Una vez que hayas cosechado o comprado los ingredientes naturales para los remedios a base de hierbas, el almacenamiento adecuado es clave para mantener su sabor, potencia y eficacia a lo largo del tiempo. A continuación, se ofrecen algunas pautas para almacenar tus ingredientes a base de hierbas.

1. Ambientes frescos y oscuros

Las hierbas y los ingredientes naturales son sensibles a la temperatura y la luz. Almacenarlos en condiciones frescas y oscuras ayuda a preservar sus aceites esenciales, sabores y propiedades medicinales.

- Temperatura: Las temperaturas ideales de almacenamiento generalmente oscilan entre 65 y 75 °F (18 y 24 °C). Este rango evita temperaturas extremas que pueden provocar el deterioro de las hierbas.
- Evita las fuentes de calor: mantén tus hierbas alejadas de fuentes de calor directas como estufas, hornos o radiadores. La exposición prolongada al calor puede provocar la pérdida de sabor y una reducción de la potencia.
- Protección contra la luz: Protege las hierbas de la luz solar directa o artificial. Utiliza recipientes opacos o teñidos o guárdalos en una despensa oscura para protegerlos de la degradación inducida por la luz.

1. Control de la humedad

El exceso de humedad puede provocar el crecimiento de moho y el deterioro de los ingredientes naturales, dejándolos inutilizables.

- Contenedores herméticos: Elige contenedores de almacenamiento con sellos herméticos para evitar que entre humedad. Los frascos de vidrio con sellos de goma y las bolsas de plástico con cierre son buenas opciones.
- Paquetes desecantes: Coloca los paquetes desecantes dentro de los contenedores para absorber la humedad que pueda acumularse. Estos paquetes ayudan a mantener un ambiente seco para tus ingredientes.

1. Separación de olores

Las hierbas pueden absorber fácilmente olores fuertes de tu entorno, lo que puede alterar sus sabores y aromas.

- Almacenamiento separado: Mantén las hierbas alejadas de artículos con olores fuertes, como especias, productos de limpieza o alimentos picantes. El uso de áreas o contenedores de almacenamiento separados ayuda a prevenir la contaminación del sabor.

1. Etiquetado para identificación:

El etiquetado adecuado garantiza que puedas identificar fácilmente tus ingredientes y realizar un seguimiento de su frescura.

- Contenido de la etiqueta: Etiqueta claramente los contenedores con los nombres de los ingredientes y la fecha de compra o cosecha. Además, incluye información específica, como la parte de la planta utilizada (por ejemplo, hojas, raíces) o cualquier consideración especial.

1. Método de rotación FIFO:

La rotación FIFO (primero en entrar, primero en salir) garantiza que utilices ingredientes más antiguos antes que los nuevos, minimizando el desperdicio y garantizando la frescura.

- Uso consistente: Prioriza el uso de ingredientes más antiguos primero para mantener su máxima frescura. Esta práctica es particularmente importante para las hierbas y especias, que pueden perder sabor y potencia con el tiempo.

Y ahí lo tienes, cinco sencillos pasos que te ayudarán a conservar y aprovechar al máximo tus ingredientes naturales.

Errores comunes de almacenamiento que deben evitarse

Cuando se trata de almacenar ingredientes y remedios a base de hierbas, existen varios errores comunes que deben evitarse para garantizar su potencia, seguridad y eficacia.

Estos son los errores clave que debes evitar:

Exposición al calor
Las hierbas y los remedios a base de hierbas deben mantenerse alejados de fuentes de calor, como estufas, radiadores o luz solar directa. El calor puede hacer que las hierbas pierdan su potencia y eficacia. Opta por áreas de almacenamiento frescas y oscuras.

Sellado inapropiado
Asegúrate de que los recipientes utilizados para almacenar hierbas y remedios estén sellados herméticamente. Un sellado adecuado evita que entre aire y humedad, lo que puede provocar el deterioro y la degradación de las hierbas.

Exposición a la luz
Las hierbas deben almacenarse lejos de la luz directa, ya que la exposición a la luz puede degradar su calidad con el tiempo. Considera usar recipientes opacos o guardarlos en una despensa oscura para proteger su integridad.

Mezcla de hierbas

Evita mezclar diferentes hierbas en el mismo recipiente, ya que cada hierba tiene su propio sabor, aroma y propiedades únicas. Mezclarlas puede alterar sus cualidades individuales y su eficacia.

Humedad

Revisa periódicamente los contenedores para detectar signos de acumulación de humedad. La humedad puede provocar el crecimiento de moho, deterioro y reducción de la potencia de los ingredientes a base de hierbas. Utiliza recipientes herméticos para evitar la entrada de humedad.

Ignorar las fechas de vencimiento

Las hierbas compradas en tiendas a menudo vienen con fechas de caducidad. Es crucial revisar estas fechas y utilizar las hierbas dentro de sus períodos óptimos de eficacia. Las hierbas vencidas o en mal estado pueden no proporcionar los beneficios deseados e incluso podrían ser perjudiciales.

Falta de etiquetado

Etiquetar adecuadamente los envases con el nombre de los ingredientes y la fecha de compra o preparación. Un etiquetado claro te ayuda a realizar un seguimiento de la frescura y evita confusiones, especialmente si tienes varios remedios a base de hierbas.

Exceso de existencias

Si bien es tentador comprar hierbas a granel para ahorrar dinero, es importante adquirir cantidades que puedas utilizar dentro de un período razonable, típicamente de 6 meses a 1 año. Tener un exceso de existencias puede llevar a un almacenamiento a largo plazo y a una posible pérdida de potencia.

Al evitar estos errores de almacenamiento, puedes asegurarte de que tus ingredientes y remedios a base de hierbas sigan siendo potentes, seguros y efectivos durante un período prolongado, lo que te permitirá aprovechar todos los beneficios de los dones curativos de la naturaleza.

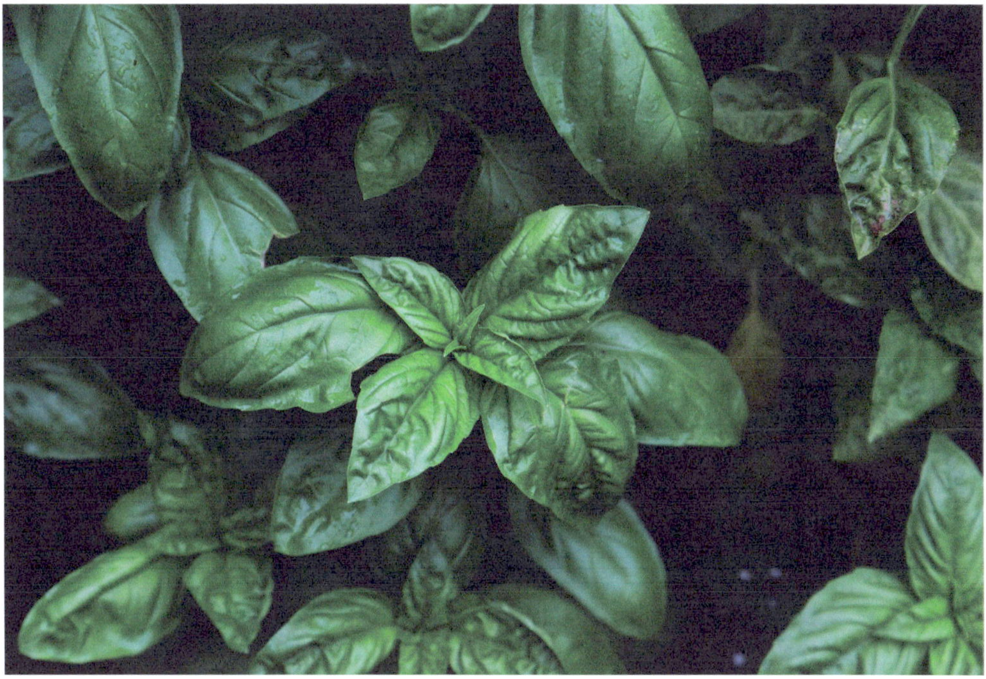

Capítulo 4: Precauciones de seguridad

Los remedios a base de hierbas tienen una rica historia en proporcionar soluciones naturales para diversos problemas de salud, ofreciendo un enfoque suave y holístico para el bienestar. A medida que más personas incorporan el poder de las hierbas en sus rutinas de bienestar, se vuelve cada vez más importante priorizar la seguridad mientras se aprovecha el potencial curativo de la naturaleza.

Si bien los remedios a base de hierbas pueden ofrecer numerosos beneficios, es esencial abordarlos con conocimiento, respeto y un fuerte compromiso con la seguridad. Este capítulo profundiza en las precauciones de seguridad cruciales que todo entusiasta de las hierbas, ya sea un herbolario experimentado o un novato, debe conocer e implementar.

En el mundo de la medicina herbaria, la seguridad no es una ocurrencia tardía; es la base sobre la que se construye una curación eficaz y sostenible. Desde la obtención y manipulación de ingredientes a base de hierbas hasta la preparación y administración de remedios, cada paso requiere una consideración cuidadosa para garantizar que aproveches el poder de las hierbas sin comprometer tu salud o la de tus seres queridos. Ya sea que estés preparando infusiones, tinturas, ungüentos o cualquier otro remedio, comprender estas precauciones es primordial.

Al tomar en serio la seguridad e integrar estas pautas en tus prácticas a base de hierbas, no solo te protegerás a ti mismo y a tus seres queridos, sino que también mejorarás la eficacia de tus remedios a base de hierbas. Así que, embarquémonos juntos en este viaje, asegurando que los regalos de la naturaleza no solo sean terapéuticos sino también seguros y armoniosos con nuestro bienestar.

Investigación y consulta exhaustivas

Antes de adentrarte en el mundo de los remedios a base de hierbas, es imprescindible armarte de conocimientos, tal y como lo estás haciendo ahora. Realizar una investigación exhaustiva es tu primera línea de defensa para garantizar que elijas las hierbas adecuadas y las utilices de forma segura y eficaz.

A continuación, se muestra un desglose de cómo realizar una investigación exhaustiva:

Comprender cómo una hierba o un remedio puede beneficiar tu salud es fundamental. Tómate el tiempo para explorar las ventajas específicas que ofrece.

- *Comprensión holística*: profundiza en las propiedades de las hierbas y las dolencias que puedes tratar. Por ejemplo, si estás investigando el jengibre, descubre sus propiedades antiinflamatorias, digestivas y estimulantes del sistema inmunológico.

- *Respaldo científico*: busca estudios científicos o ensayos clínicos que respalden los beneficios declarados. Las revistas revisadas por pares y las instituciones de investigación de renombre son excelentes fuentes de información basada en evidencia.

Efectos secundarios

Si bien las hierbas suelen ser celebradas por su origen natural, es fundamental reconocer que incluso las plantas aparentemente inofensivas pueden tener efectos secundarios.

A continuación, se explica cómo abordar este aspecto:

- *Conciencia holística*: no te centres solamente en los aspectos positivos. Sé diligente en descubrir cualquier efecto secundario potencial asociado con la hierba. Por ejemplo, si bien la equinácea es conocida por sus propiedades de estimulación inmunológica, puede causar reacciones alérgicas en algunas personas.

- *Respuestas variadas*: ten en cuenta que las personas pueden reaccionar de manera diferente a la misma hierba. Lo que funciona de maravilla para una persona puede causar malestar o reacciones adversas en otra. Comprender los posibles efectos secundarios te permite tomar decisiones informadas.

Contraindicaciones

Identificar situaciones en las que no se recomienda el uso de una hierba en particular es vital para su seguridad.

Aquí tienes cómo manejar las contraindicaciones:

- *Consideraciones de salud*: ten en cuenta tu estado de salud actual. Algunas hierbas pueden interactuar con afecciones médicas preexistentes o con medicamentos que estés tomando. Por ejemplo, si tienes un trastorno hemorrágico, es posible que hierbas como el ajo o el ginkgo biloba, conocidos por sus propiedades anticoagulantes, no sean adecuadas.

- *Embarazo y lactancia*: Presta especial atención a las contraindicaciones durante el embarazo y la lactancia. Muchas hierbas pueden tener efectos adversos en el feto en desarrollo o en el lactante. Busca orientación de profesionales de la salud para encontrar alternativas seguras.

Fuentes confiables

En la era de Internet, la información está fácilmente disponible, pero no todas las fuentes son confiables. Asegúrate de que tu investigación se base en información confiable y precisa.

- *Libros*: busca libros acreditados escritos por expertos en medicina herbaria. Estos textos suelen proporcionar información bien investigada y organizada.

- *Sitios web de buena reputación*: los sitios web de hierbas confiables y las plataformas educativas pueden ser fuentes valiosas. Asegúrate de que citen tu información a partir de referencias confiables.

- *Revistas científicas*: para obtener conocimientos profundos y basados en evidencia, explora revistas científicas relacionadas con la medicina herbaria. Estas publicaciones se someten a rigurosos procesos de revisión por pares para garantizar la precisión.

Consulta con un profesional de la salud

Si bien realizar investigaciones te proporciona información valiosa, es igualmente esencial buscar la orientación de un profesional de la salud antes de incorporar remedios a base de hierbas a tu rutina de atención médica.

Así es como esta consulta puede beneficiarte.

Guía personalizada

Los profesionales de la salud aportan su experiencia, lo que les permite adaptar las recomendaciones de hierbas a tus necesidades de salud específicas.

- *Evaluación holística*: consideran tu salud general, tu historial médico y cualquier condición existente. Esta evaluación integral garantiza que los remedios a base de hierbas se ajusten a tus necesidades individuales.
- *Soluciones personalizadas:* los profesionales pueden recomendar hierbas y fórmulas específicas basadas en tus objetivos de salud únicos, garantizando que logres los resultados deseados de manera segura.

Evaluación de interacción

Cuando ya estás tomando medicamentos o sometiéndote a tratamientos, existe la posibilidad de que se produzcan interacciones entre las hierbas y los productos farmacéuticos. Los profesionales de la salud pueden:

- Identificar riesgos: evalúa las posibles interacciones entre las hierbas y tus medicamentos para prevenir efectos adversos o una eficacia reducida de cualquiera de ellos.
- Ajustar las dosis: en algunos casos, los profesionales de la salud pueden hacer ajustes en las dosis para adaptarse tanto a los medicamentos recetados como a los remedios herbales. Esto garantiza que seguirás recibiendo todos los beneficios de ambos tratamientos.

Decisiones informadas

Consultar con un profesional de la salud te permite tomar decisiones informadas sobre tu plan de atención médica.

- *Opciones equilibradas*: brindan información sobre los beneficios y riesgos asociados con los remedios a base de hierbas, lo que te permite sopesar tus opciones cuidadosamente.
- *Integración segura*: los profesionales te ayudan a integrar remedios a base de hierbas en tu rutina de atención médica existente de una manera que mejore tu bienestar sin comprometer tu seguridad.

Incorporar hierbas y remedios naturales a tu régimen de salud puede ser un viaje transformador. Sin embargo, al realizar una investigación exhaustiva y consultar con profesionales de la salud, puedes emprender este camino con confianza y asegurarte de que tus prácticas a base de hierbas se alineen con tus objetivos de salud y bienestar.

Limpieza y prácticas sanitarias

La base de la seguridad en la elaboración de remedios a base de hierbas radica en la limpieza y el saneamiento de tu entorno. Para garantizar la pureza y eficacia de tus remedios, sigue estas prácticas esenciales.

Lavado de manos

Antes de embarcarte en cualquier preparación a base de hierbas, comienza con uno de los pasos más importantes: lavarte bien las manos. Tus manos son las herramientas principales en la elaboración de hierbas y deben estar libres de contaminantes:

- *Técnica adecuada*: Lávate las manos con agua tibia y jabón durante al menos 20 segundos, asegurándote de limpiar todas las áreas, incluso debajo de las uñas y entre los dedos.

- *Lavado frecuente:* practica lavarte las manos no solo antes de manipular hierbas e ingredientes, sino también durante el proceso de preparación si tus manos entran en contacto con posibles contaminantes.

Utensilios

Los utensilios que utilices en la elaboración de hierbas deben estar impecables para evitar que sustancias no deseadas se infiltren en tus remedios:

- *Limpio y desinfectado:* Asegúrate de que todos tus utensilios, incluyendo cuchillos, tijeras, cucharas medidoras, morteros y mazos, estén limpios y desinfectados meticulosamente antes de cada uso.

- *Tablas de cortar*: Si usas tablas de cortar, deben lavarse, desinfectarse y reservarse exclusivamente para la elaboración de hierbas para evitar la contaminación cruzada con otros alimentos.

Higiene

La limpieza personal y el saneamiento de tu espacio de trabajo contribuyen significativamente a la seguridad y eficacia de tus remedios a base de hierbas:

- *Vestimenta*: cuando trabajes con hierbas, utiliza ropa limpia para minimizar el riesgo de introducir partículas extrañas en tus preparaciones.
- *Equipo de cocina*: Mantén tus equipos de cocina, como licuadoras o exprimidores, en condiciones higiénicas. Límpialos y desinféctalos periódicamente para evitar la acumulación de residuos que puedan comprometer la calidad de tus remedios.

Al mantener estas prácticas sanitarias y de limpieza, se crea un ambiente seguro y controlado para elaborar remedios a base de hierbas. Este paso fundamental garantiza que la pureza y la integridad de tus remedios permanezcan intactas, promoviendo beneficios óptimos para la salud y minimizando los riesgos potenciales.

Prácticas de almacenamiento

Aunque hablamos sobre esto en el capítulo anterior, cuando se trata de seguridad, no puedo enfatizarlo lo suficiente. Preservar la potencia de los ingredientes a base de hierbas es primordial para garantizar la eficacia de tus remedios. Utilizar recipientes herméticos durante el almacenamiento de tus remedios caseros es una práctica fundamental.

Protección contra el aire y la humedad

Los recipientes herméticos actúan como un escudo contra dos culpables comunes que pueden socavar la calidad de los remedios a base de hierbas: el aire y la humedad. Cuando se exponen al aire, algunos ingredientes vegetales pueden oxidarse y perder sus propiedades terapéuticas. La humedad, por otro lado, puede provocar el crecimiento de moho o su deterioro.

Longevidad

El almacenamiento hermético no se trata solamente de preservar la calidad de tus remedios; también se trata de prolongar su vida útil. Al minimizar la exposición a factores externos, prolonga el tiempo durante el cual tus remedios mantienen su eficacia.

El lugar donde elijas almacenar tus remedios a base de hierbas afecta significativamente su longevidad y eficacia. Es esencial optar por un lugar que permanezca constantemente fresco, seco y protegido de la luz solar directa.

Control de temperatura
Mantener un rango de temperatura estable entre 65 y 75 °F (18 y 24 °C) es vital para mantener tus ingredientes herbales en óptimas condiciones. Las temperaturas fluctuantes pueden provocar condensación dentro de los contenedores, lo que podría provocar problemas relacionados con la humedad, como moho o deterioro. Al almacenar tus remedios en un ambiente fresco, mitigas estos riesgos y garantizas la calidad de los ingredientes.

Evita la luz solar
La luz solar directa puede afectar negativamente la potencia de los remedios a base de hierbas con el tiempo. La exposición prolongada a la luz solar puede degradar los ingredientes, reduciendo la eficacia de los remedios. Para protegerte contra esto, elige áreas de almacenamiento protegidas de la luz solar, ya sea utilizando recipientes opacos o guardando los remedios en una despensa oscura.

Al seguir estas prácticas de almacenamiento, como el uso de recipientes herméticos y la selección de un lugar adecuado, se preserva la calidad y la longevidad de los remedios a base de hierbas, asegurando que proporcionen los beneficios deseados para la salud cuando sea necesario.

Calidad de los ingredientes

La calidad de los ingredientes a base de hierbas es la piedra angular de los remedios seguros y eficaces. Para garantizar la máxima seguridad, adquiere siempre hierbas y componentes de fuentes confiables conocidas por su compromiso con la calidad y la confiabilidad.

Certificaciones

- Orgánico, de comercio justo o cosechado en el medio silvestre
    - Busca hierbas e ingredientes con certificaciones como orgánicas, de comercio justo o silvestres. Estas certificaciones garantizan prácticas de abastecimiento éticas y sostenibles, lo que reduce el riesgo de exposición a productos químicos nocivos o métodos de producción poco éticos.
- Marcas confiables
    - La reputación importa: opta por proveedores y marcas con reputación establecida por proporcionar ingredientes de alta calidad. El boca a boca, las reseñas en línea y las recomendaciones de comunidades de hierbas pueden ayudarte a identificar fuentes confiables.

Opta por ingredientes orgánicos y sostenibles

La búsqueda de la calidad de los ingredientes va de la mano de la conciencia medioambiental. Siempre que sea posible, prioriza los ingredientes orgánicos y de origen sostenible. Este enfoque no solamente beneficia tu salud, sino que también contribuye al bien de nuestro planeta.

Productos químicos reducidos

La elección de ingredientes orgánicos disminuye la probabilidad de exposición a sustancias químicas nocivas como pesticidas, herbicidas y fertilizantes sintéticos. Esto, a su vez, ayuda a mantener la pureza y seguridad de tus remedios.

Responsabilidad ambiental

Optar por ingredientes sostenibles es una elección ética que se alinea con el consumo responsable. Las prácticas sostenibles promueven métodos de recolección respetuosos con el medio ambiente y protegen los ecosistemas. Al tomar estas decisiones, participas activamente en la preservación de nuestro mundo natural.

Al adherirte a estos principios de calidad de los ingredientes, no solamente mejorarás la seguridad y eficacia de tus remedios a base de hierbas, sino que también contribuirás a un planeta más saludable mediante el consumo consciente.

Dosis correcta y frescura

En el mundo de los remedios a base de hierbas, la precisión es primordial. Es imperativo cumplir estrictamente con las dosis y los métodos de preparación recomendados según lo descrito por fuentes confiables. Desviarte de estas pautas, ya sea usando demasiado o muy poco de un ingrediente, puede afectar significativamente la seguridad y eficacia de tus remedios a base de hierbas.

Curación equilibrada

Seguir las dosis recomendadas garantiza que tus remedios proporcionen los beneficios terapéuticos previstos. Cada hierba e ingrediente tiene un perfil único de compuestos activos y las mediciones precisas ayudan a lograr el equilibrio adecuado para una curación óptima.

El consumo excesivo de ingredientes a base de hierbas puede provocar efectos adversos y consecuencias inesperadas. Al seguir las dosis sugeridas, mitigas el riesgo de posibles daños a tu salud.

Consultar fechas de caducidad

La frescura de tus ingredientes herbales es un factor crítico en la seguridad y eficacia de tus remedios. Inspecciona periódicamente todos los componentes comprados en la tienda para determinar las fechas de caducidad y asegúrate de que se encuentren dentro de tus períodos óptimos de efectividad.

Frescura de los ingredientes
La frescura asegura que los compuestos activos de tus hierbas e ingredientes estén en su máxima potencia, garantizando que tus remedios brinden los resultados deseados. El

uso de componentes caducados puede llevar a resultados decepcionantes y comprometer potencialmente la seguridad.

El uso de ingredientes caducados no solamente es ineficaz, sino que también puede resultar peligroso. Con el tiempo, las hierbas pueden degradarse, perder sus propiedades terapéuticas o incluso desarrollar compuestos dañinos. Por lo tanto, es crucial priorizar la frescura y la vida útil de tus ingredientes herbales por razones de seguridad y eficacia.

Etiquetado y seguridad infantil

El etiquetado adecuado no es solamente una formalidad sino una práctica esencial en el mundo de los remedios a base de hierbas. Las etiquetas transparentes sirven para múltiples propósitos y ayudan tanto en la organización como en la seguridad. Al preparar remedios a base de hierbas en casa, es fundamental etiquetarlos claramente con la siguiente información.

- Identificación

    - Las etiquetas sirven como referencia rápida y te ayudan a identificar fácilmente el contenido de cada remedio. Esto es especialmente importante si creas varias preparaciones a base de hierbas, ya que evita confusiones y garantiza que puedas encontrar el remedio adecuado cuando sea necesario.

- Seguimiento de la frescura

    - Una de las razones clave para etiquetar es realizar un seguimiento de la frescura de tus remedios. Al incluir la fecha de preparación en la etiqueta, puedes asegurarte de utilizar los remedios dentro de su período de vigencia. Esto es particularmente importante porque los remedios a base de hierbas pueden perder su potencia con el tiempo.

Mantén los remedios fuera del alcance

La seguridad es una prioridad máxima cuando se trata de almacenar remedios a base de hierbas, especialmente en hogares con niños y mascotas. Para evitar la ingestión accidental, que puede ser peligrosa, toma las siguientes precauciones.

- Prioridad en la seguridad:
    - Es primordial proteger a los niños y las mascotas de la ingestión accidental de remedios a base de hierbas. Aunque los remedios a base de hierbas son naturales, pueden tener efectos potentes y es posible que no sean adecuados para niños pequeños o animales.
- Almacenamiento seguro:
    - Asegúrate de que los remedios se almacenen en lugares seguros que sean inaccesibles para niños y mascotas. Considera usar contenedores a prueba de niños o cerraduras para gabinetes si es necesario para agregar una capa adicional de protección. Este paso adicional ayuda a salvaguardar el bienestar de tus seres queridos.

Comprende la falta de estandarización y de ingredientes activos

Es fundamental reconocer que los remedios a base de hierbas carecen de estandarización, lo que significa que la concentración y la potencia de los compuestos activos pueden variar significativamente entre lotes y marcas. Esta variabilidad inherente a las preparaciones a base de hierbas subraya la importancia de varias consideraciones clave.

Potencia variable

Los remedios a base de hierbas, al derivarse de fuentes naturales, están sujetos a variaciones en factores como las condiciones de cultivo, la calidad del suelo y los métodos de procesamiento. Estas variables pueden influir en la concentración y eficacia de los compuestos activos de las hierbas. Como resultado, los efectos de los remedios a base de hierbas pueden diferir de un lote a otro.

Enfoque personalizado

Reconoce que los tratamientos a base de hierbas a menudo requieren un enfoque individualizado. Dado que no existen pautas únicas para todos debido a la variabilidad en la potencia, es esencial adaptar tus remedios a base de hierbas a tus necesidades específicas. Esto puede implicar ajustar las dosis, seleccionar lotes de hierbas particulares o experimentar para encontrar lo que funcione mejor para ti.

Familiarízate con los ingredientes activos

Cada hierba contiene ingredientes activos específicos que contribuyen a sus propiedades terapéuticas. Para garantizar el uso seguro y eficaz de los remedios a base de hierbas, es importante familiarizarse con estos componentes activos.

Elecciones informadas

Comprender los ingredientes activos de las hierbas que utilizas te permitirá tomar decisiones informadas sobre los tratamientos a base de hierbas. Puedes seleccionar hierbas según sus compuestos activos, asegurándote de que se alineen con tus objetivos de salud específicos.

Consulta de expertos

En los casos en los que no estés seguro acerca de las interacciones entre los remedios a base de hierbas y los medicamentos o tengas dudas sobre la seguridad de ciertas hierbas debido a condiciones de salud subyacentes, es recomendable buscar orientación de profesionales de la salud o herbolarios. Tienen la experiencia para evaluar posibles interacciones y problemas de seguridad, brindándote recomendaciones personalizadas y ajustes de dosis cuando sea necesario. Este enfoque colaborativo garantiza que tus remedios a base de hierbas complementen tu plan de atención médica general de manera efectiva y segura.

Si sigues diligentemente estas precauciones de seguridad, podrás disfrutar de los beneficios de los remedios a base de hierbas y, al mismo tiempo, minimizar los riesgos potenciales para tu salud y bienestar. La medicina herbaria ofrece un camino hacia la curación natural y, con las precauciones adecuadas, puede ser un complemento seguro y eficaz para tu viaje de salud holística.

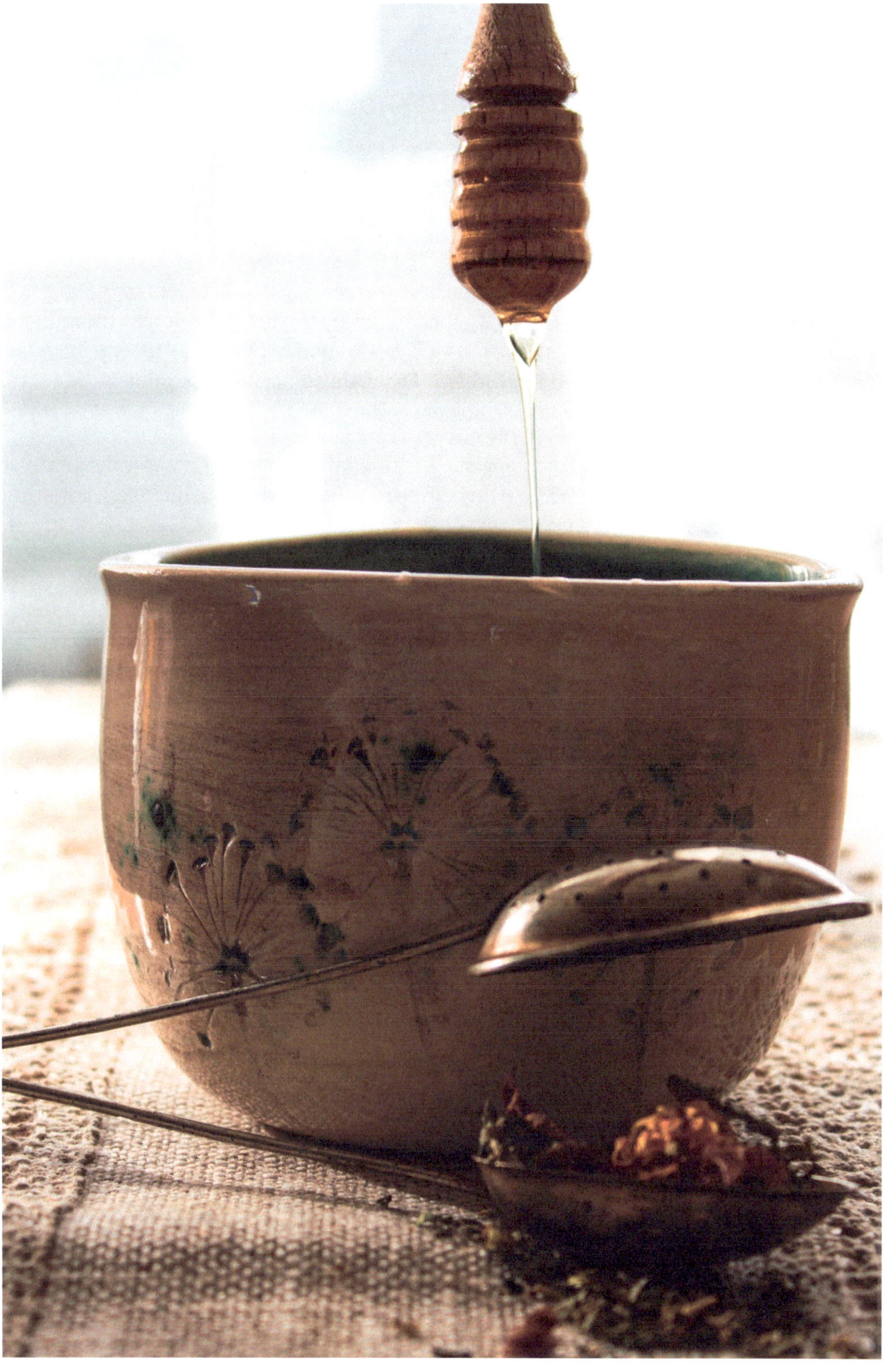

Capítulo 5: Soluciones herbarias asequibles para dolencias comunes

En un mundo donde los costos de la atención médica pueden ser desalentadores y la variedad de productos farmacéuticos abrumadora, existe un refugio tranquilo y reconfortante en el ámbito de los remedios a base de hierbas. Durante generaciones, las personas han recurrido al mundo natural en busca de soluciones asequibles y efectivas para las dolencias comunes que la vida nos presenta.

La búsqueda del bienestar no tiene por qué ser una tarea costosa. La naturaleza, con su riqueza de hierbas y plantas medicinales, ofrece un tesoro de remedios accesibles que pueden abordar una amplia gama de problemas de salud cotidianos. Desde calmar una tos persistente hasta aliviar el malestar de un dolor de cabeza, estas soluciones a base de hierbas han sido probadas a lo largo del tiempo y ofrecen alivio sin sobrecargar tu billetera.

En este capítulo, recorreremos una cuidada selección de remedios a base de hierbas que no solamente son respetuosos con tus finanzas, sino que también te empoderan por su simplicidad. Ya sea que estés buscando alivio para un resfriado común, una noche de sueño inquieto o un ataque de indigestión, encontrarás soluciones prácticas y económicas que se basan en la sabiduría de la medicina herbaria tradicional.

Las 10 mejores hierbas para dolencias comunes

Nuestra primera parada son los 10 mejores remedios caseros para dolencias comunes, cómo prepararlos y utilizarlos, y los beneficios que ofrecen.

Tintura de pimienta de cayena

La tintura de pimienta de cayena es conocida por sus potentes propiedades medicinales. Puede ayudar a estimular la digestión, aliviar los gases y la indigestión. Además, tiene propiedades analgésicas y puede usarse tópicamente para reducir el dolor, particularmente en afecciones como artritis o dolores musculares.

Para hacer tu propia tintura de pimienta de cayena:

- Llena un frasco de vidrio con hojuelas de pimienta de cayena seca y cúbrelas con alcohol de alta graduación (por ejemplo, vodka).
- Sella el frasco y déjalo reposar durante varias semanas, agitándolo diariamente.
- Cuela el líquido en un frasco cuentagotas de vidrio oscuro para facilitar su uso.

Toma unas gotas de tintura de pimienta de cayena diluidas en agua o jugo antes de las comidas para ayudar a la digestión. Para aliviar el dolor, mezcla unas gotas con un aceite portador y aplícalo tópicamente en el área afectada.

Tabletas de carbón activado

El carbón activado es un poderoso desintoxicante. Puede absorber toxinas y gases en el tracto digestivo, aliviando los gases, la hinchazón y la indigestión. En casos de intoxicación o sobredosis, se suele utilizar carbón activado para absorber y neutralizar las toxinas ingeridas.

- Las tabletas de carbón activado están disponibles en tiendas naturistas o farmacias. Asegúrate de elegir tabletas de alta calidad y aptas para uso alimentario.
- Toma las pastillas de carbón activado con un vaso de agua.
- Es esencial seguir las instrucciones de dosificación recomendadas en la etiqueta del producto o según lo indique un profesional de la salud.

Miel con infusión de ajo

La miel con infusión de ajo combina las propiedades antibacterianas del ajo con las cualidades calmantes de la miel. Puede ayudar a estimular el sistema inmunológico, aliviar los síntomas del resfriado y la gripe y aliviar el dolor de garganta.

Para hacer miel con infusión de ajo:

- Pica los dientes de ajo frescos y mézclalos bien con miel.
- Deja reposar la mezcla durante unos días para que se infunda.
- Toma una cucharada de miel con ajo al día, especialmente durante la temporada de resfriados y gripe o cuando te sientas mal.

Tintura de sello de oro

La tintura de sello de oro se valora por sus propiedades de estimulación inmunológica y su capacidad para favorecer la salud respiratoria. Contiene berberina, un compuesto conocido por sus propiedades antimicrobianas.

- Compra tintura de sello de oro de una fuente confiable, asegurándote de que sea de origen ético y sostenible.
- Toma unas gotas de tintura de sello de oro diluidas en agua para estimular tu sistema inmunológico o para ayudar con problemas respiratorios.
- Es especialmente útil durante la temporada de resfriados y gripe.

Té de menta

El té de menta es un remedio herbario popular para los problemas digestivos. Puede ayudar a aliviar la indigestión, reducir la hinchazón y aliviar los dolores de cabeza. El contenido de mentol de la menta proporciona una sensación refrescante.

- Remoja las hojas de menta frescas o secas en agua caliente durante 5 a 10 minutos.
- También puedes utilizar bolsitas de té de menta.
- Bebe té de menta después de las comidas para ayudar a la digestión o cuando necesites alivio de un malestar digestivo o un dolor de cabeza.

Tintura de equinácea

La tintura de equinácea se usa ampliamente para apoyar el sistema inmunológico, particularmente durante la temporada de resfriados y gripe. Puede ayudar a reducir la gravedad y la duración de los síntomas del resfriado.

- Compra tintura de equinácea de una fuente confiable o haz la tuya propia remojando la raíz o las hojas de equinácea en alcohol.
- Asegúrate de que la tintura sea de origen ético.
- Toma unas gotas de tintura de Equinácea diariamente como medida preventiva durante la temporada de resfriados y gripe, o aumenta la dosis si sientes que se avecina un resfriado.

Té de jengibre

El té de jengibre es un remedio herbario versátil con numerosos beneficios. Puede aliviar las molestias digestivas, reducir las náuseas, aliviar los síntomas del resfriado y la gripe y apoyar el sistema inmunológico.

- Hierve de 1 a 2 pulgadas de rodajas de jengibre fresco en 2 tazas de agua durante 10 a 15 minutos.
- También puedes agregar miel o limón para darle más sabor.
- Bebe té de jengibre según sea necesario para aliviar las náuseas, reforzar tu sistema inmunológico o mejorar la digestión. Es particularmente calmante durante el clima frío o cuando tienes malestar estomacal.

Infusión de hierba gatera

La infusión de hierba gatera, elaborada a partir de hojas secas de hierba gatera, tiene suaves propiedades sedantes. Puede ayudar a inducir la relajación, aliviar la ansiedad y promover un mejor sueño.

- Remoja las hojas secas de hierba gatera en agua caliente durante 10 a 15 minutos, de manera similar a como se prepara un té de hierbas.
- Bebe infusiones de hierba gatera por la noche o cuando necesites relajarte.
- Es un remedio natural para la ansiedad o las dificultades para dormir.

Té de barba de maíz

Es un diurético suave que puede ayudar a la salud de los riñones y la vejiga. Puede ayudar a eliminar el exceso de líquidos y reducir la retención de agua.

- Remoja la barba de maíz seca en agua caliente durante 10 a 15 minutos, de manera similar a como se prepara un té de hierbas.
- Consume té de barba de maíz cuando busques mejorar la función de los riñones y la vejiga o reducir la retención leve de agua.

Té de lúpulo

Tiene efectos sedantes leves y puede ayudar con el sueño y la ansiedad. A menudo se utiliza para promover la relajación y mejorar la calidad del sueño.

- Remoja las flores de lúpulo en agua caliente durante 10 a 15 minutos, de forma similar a como se prepara un té de hierbas.
- Bebe té de lúpulo por la noche, especialmente si tienes problemas para dormir o te sientes ansioso. Puede ayudar a calmar la mente e inducir somnolencia.

Estos remedios naturales ofrecen una variedad de beneficios y pueden prepararse y usarse fácilmente para diversos problemas de salud comunes. Ahora, echemos un vistazo a los remedios para dolencias específicas.

Resfriados, gripe, dolor de garganta

Té de miel y limón

El té de miel y limón es un remedio clásico para calmar el dolor de garganta y estimular el sistema inmunológico. La miel tiene propiedades antibacterianas, mientras que el limón aporta vitamina C.

- Mezcla 1-2 cucharadas de miel con el jugo de medio limón en una taza de agua tibia.
- Revuelve hasta que esté bien mezclado.

- Bebe este té calmante cada vez que tengas dolor de garganta o sientas la necesidad de estimular tu sistema inmunológico.
- El líquido tibio puede proporcionar alivio y comodidad.

Té de jengibre

Como se mencionó anteriormente, el té de jengibre es versátil y ofrece beneficios como aliviar la congestión, reducir las náuseas y apoyar el sistema inmunológico.

- Hierve de 1 a 2 pulgadas de rodajas de jengibre fresco en 2 tazas de agua durante 10 a 15 minutos.
- Puedes agregar miel o limón para darle más sabor.
- Bebe té de jengibre según sea necesario para aliviar la congestión y las náuseas o para reforzar tu sistema inmunológico.

Tintura de equinácea

La tintura de equinácea es un poderoso remedio que estimula el sistema inmunológico, especialmente durante la temporada de resfriados y gripe. Puede ayudar a reducir la gravedad y la duración de los síntomas del resfriado.

- Como se mencionó anteriormente, puedes comprar tintura de equinácea de una fuente confiable o hacer la tuya propia remojando la raíz o las hojas de equinácea en alcohol durante varias semanas.
- Toma unas gotas de tintura de equinácea diariamente durante la temporada de resfriados o gripe para fortalecer tu sistema inmunológico y prevenir infecciones.

Vapores de menta

La inhalación de vapor de menta puede proporcionar un alivio rápido de la congestión sinusal y los dolores de cabeza. El contenido de mentol de la menta ayuda a abrir las vías respiratorias.

- Coloca hojas de menta fresca en un recipiente y vierte agua caliente sobre ellas. Inclínate sobre el recipiente, cúbrete la cabeza con una toalla e inhala el vapor.
- Inhala vapor de menta según sea necesario para aliviar la congestión sinusal y los dolores de cabeza. Es un remedio natural y calmante.

Jarabe de saúco

El jarabe de saúco es un remedio antiviral natural que se utiliza habitualmente durante la temporada de gripe. Puede ayudar a reducir la gravedad y la duración de los síntomas de la gripe.

- Prepara jarabe de saúco hirviendo bayas de saúco secas en agua a fuego lento y luego endulza la mezcla con miel.
- Déjalo enfriar antes de guardarlo en el refrigerador.
- Consume jarabe de saúco durante la temporada de gripe o cuando sientas que aparecen síntomas parecidos a los de la gripe. Se puede tomar diariamente como medida preventiva.

Miel con infusión de ajo

La miel con infusión de ajo combina las propiedades antibacterianas del ajo con las cualidades calmantes de la miel. Puede estimular el sistema inmunológico y aliviar el dolor de garganta.

- Como se mencionó anteriormente, pica los dientes de ajo frescos y mézclalos con miel.
- Deja que la mezcla se infunda durante unos días.
- Toma una cucharada de miel con ajo al día, especialmente durante la temporada de resfriados y gripe o cuando tengas dolor de garganta.

Leche de cúrcuma

La leche de cúrcuma, también conocida como «leche dorada», es valorada por sus propiedades antiinflamatorias. Puede ayudar a reducir la inflamación y apoyar el sistema inmunológico.

- Hierve la leche con una cucharadita de cúrcuma en polvo y una pizca de pimienta negra (que mejora la absorción de la cúrcuma).
- Bebe leche de cúrcuma según sea necesario, especialmente cuando se trata de inflamación o para apoyar la salud inmunológica general.

Té de pimienta de cayena

El té de pimienta de cayena puede aliviar el dolor de garganta y ayudar a reducir la inflamación. La capsaicina de la cayena tiene propiedades analgésicas.

- Mezcla una pizca de pimienta de cayena en agua caliente con miel al gusto.
- Bebe té de pimienta de cayena cuando tengas dolor de garganta o quieras reducir la inflamación.
- Comienza con una pequeña cantidad de cayena y ajústala según tus preferencias.

Jarabe de tomillo para la tos

Es un remedio natural para la tos y la congestión del pecho. El tomillo tiene propiedades antimicrobianas y puede ayudar a aliviar las molestias respiratorias.

- Haz un almíbar hirviendo hojas de tomillo en agua, luego cuela y mezcla con miel para endulzar.
- Tómalo según sea necesario para aliviar la tos y la congestión del pecho. Es un remedio calmante y eficaz.

Gárgaras con agua salada

Hacer gárgaras con agua salada puede aliviar el dolor de garganta y reducir la inflamación. Puede ayudar a calmar el malestar y matar las bacterias.

- Disuelve media cucharadita de sal en agua tibia.
- Haz gárgaras con la solución durante unos 30 segundos antes de escupirla.
- Haz gárgaras con agua salada varias veces al día cuando tengas dolor de garganta o quieras reducir la irritación e inflamación de la garganta.

Inhalación de vapor

La inhalación de vapor ayuda a aliviar la congestión nasal y la irritación de garganta. El aceite esencial de eucalipto, si se añade, tiene propiedades descongestionantes.

- Hierve una olla con agua y viértela en un recipiente grande.
- Agrega unas gotas de aceite esencial de eucalipto si lo deseas.
- Pon tu cara sobre el recipiente, cúbrete la cabeza con una toalla e inhala el vapor durante 10 a 15 minutos.
- Haz la inhalación de vapor 2-3 veces al día.

Miel y canela

La miel tiene propiedades antibacterianas y alivia el dolor de garganta, mientras que la canela puede ayudar a aliviar la tos.

- Mezcla 1 o 2 cucharadas de miel con una pizca de canela en polvo para formar una pasta.
- Consume una cucharada de esta mezcla 2-3 veces al día para calmar el dolor de garganta y aliviar la tos.

- No puedes dar miel a niños menores de un año.

Gárgaras de vinagre de sidra de manzana

Puede reducir la irritación y el malestar de la garganta, gracias a sus propiedades antibacterianas.

- Mezcla 1 o 2 cucharadas de vinagre de sidra de manzana con una taza de agua tibia.
- Haz gárgaras con esta solución varias veces al día para reducir la irritación y el malestar de la garganta.

Té de raíz de malvavisco

Alivia la tos y la irritación. También tiene propiedades antimicrobianas suaves.

- Remoja 1 o 2 cucharaditas de raíz de malvavisco seca en una taza de agua caliente durante 10 a 15 minutos. Cuela.
- Bebe té de raíz de malvavisco 2 o 3 veces al día para aliviar la tos y la congestión del pecho.

Aceite de orégano

Tiene propiedades antimicrobianas y puede apoyar el sistema inmunológico durante una enfermedad.

- Mezcla 1-2 gotas de aceite de orégano con un vaso de agua o jugo.
- Consume esta mezcla diluida una vez al día durante una enfermedad para apoyar el sistema inmunológico.
- No utilices aceite de orégano sin diluir.

Ponche caliente

Un ponche caliente proporciona calidez, calma la garganta y promueve la relajación. Puede ayudarte a dormir mejor durante una enfermedad.

- En un vaso, combina 1-2 onzas de *whisky*, 1 cucharada de miel, el jugo de medio limón y agua caliente.
- Bebe un ponche caliente antes de acostarte para calmar la garganta y promover la relajación. Limita el consumo de alcohol.

Jugo de granada

Es rico en antioxidantes y vitamina C, que pueden estimular el sistema inmunológico y proporcionar hidratación durante las enfermedades.

- Compra jugo de granada puro o extrae jugo de granadas frescas.
- Bebe un vaso de jugo de granada al día para estimular tu sistema inmunológico y proporcionar hidratación durante la enfermedad.

Jarabe de cebolla

Puede ayudar a aliviar la tos y reducir la flema debido a sus propiedades antibacterianas.

- Pica 1 o 2 cebollas y ponlas en un bol. Vierte miel sobre las cebollas hasta que queden sumergidas. Tapa y deja reposar durante la noche.
- Cuela y utiliza el almíbar.
- Consume 1-2 cucharadas de jarabe de cebolla 2-3 veces al día para aliviar la tos y reducir la flema.

Té de raíz de astrágalo

El té de raíz de astrágalo puede estimular el sistema inmunológico y apoyar la salud general durante la temporada de resfriados y gripe.

- Remoja 1 o 2 cucharaditas de raíz de astrágalo seca en una taza de agua caliente durante 10 a 15 minutos. Cuela.
- Bebe té de raíz de astrágalo con regularidad durante la temporada de resfriados y gripe para estimular tu sistema inmunológico.

Inhalación de aceite de eucalipto

La inhalación de vapor de eucalipto puede aliviar la congestión nasal y aliviar las molestias en la garganta. El eucalipto tiene propiedades descongestionantes.

- Hierve agua y viértela en un bol.
- Agrega de 3 a 5 gotas de aceite esencial de eucalipto al agua caliente.
- Inhala el vapor inclinándose sobre el recipiente y cubriéndote la cabeza con una toalla.
- Respira profundamente para aliviar la congestión nasal y el malestar de garganta. Haz esto 2-3 veces al día.

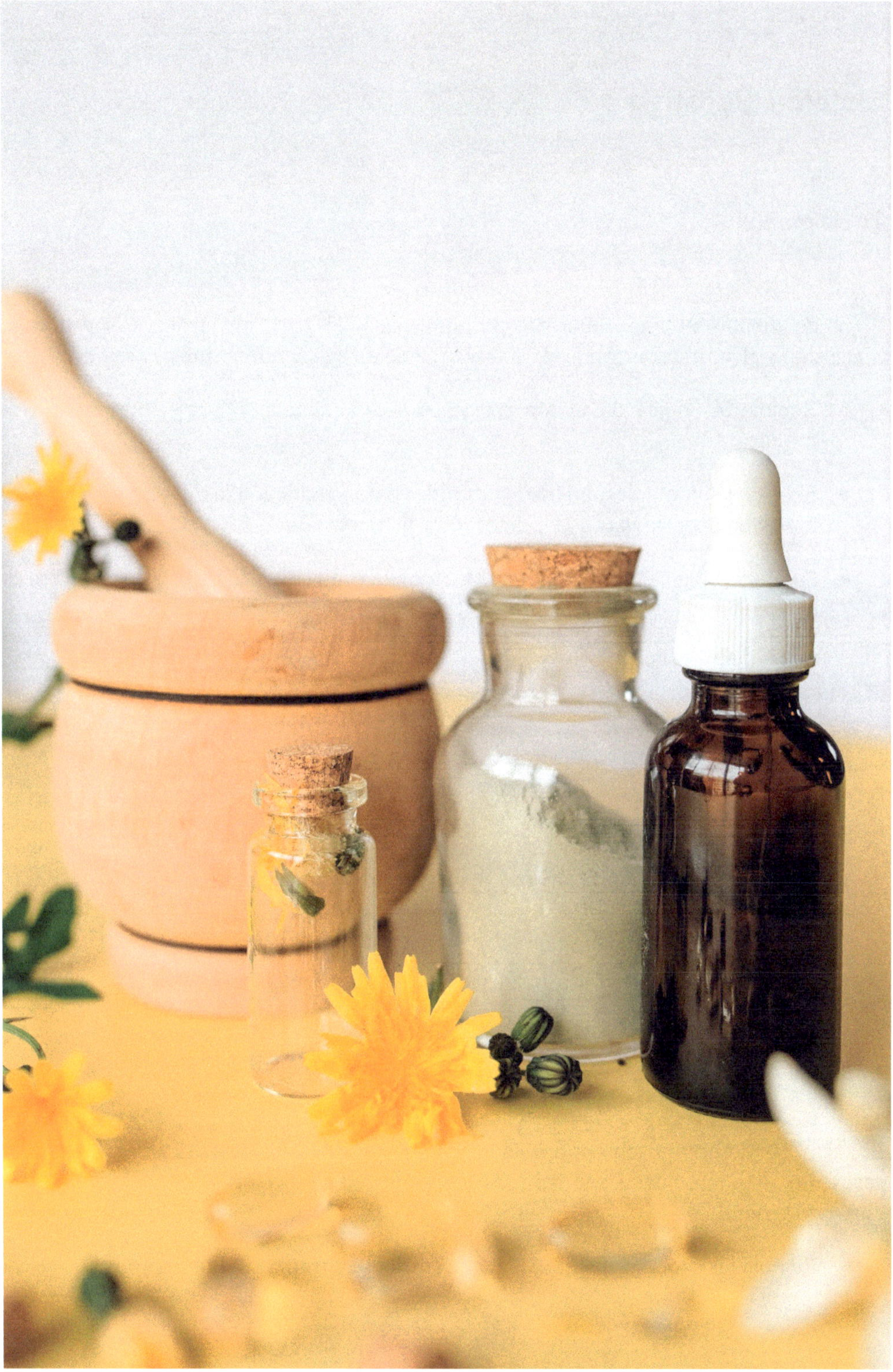

Sistema digestivo

Té de menta

El té de menta es bien conocido por su capacidad para aliviar la indigestión, la hinchazón y el malestar estomacal. También tiene un sabor refrescante.

- Remoja las hojas de menta frescas o secas en agua caliente durante 5 a 10 minutos.
- Bebe té de menta después de las comidas para ayudar con la digestión y aliviar las molestias asociadas con la indigestión y la hinchazón.
- Sus propiedades calmantes también pueden aliviar la tensión y los dolores de cabeza.

Masticables de jengibre

Masticar pequeños trozos de raíz de jengibre fresca puede ser eficaz para aliviar las náuseas, el mareo y las molestias digestivas.

- Simplemente pela y corta pequeños trozos de raíz de jengibre fresca.
- Siempre que sientas náuseas o mareos, mastica un pequeño trozo de jengibre para ayudar a aliviar los síntomas.

Infusión de hinojo

Las semillas de hinojo son conocidas por sus propiedades digestivas y para aliviar los gases. Su infusión puede ser calmante para los gases, la hinchazón y el malestar digestivo general.

- Remoja las semillas de hinojo en agua caliente durante 10 a 15 minutos.

- Consume infusión de hinojo después de las comidas para aliviar los gases y la hinchazón. También puede ayudar con las molestias digestivas.

Té de manzanilla

Es conocido por sus propiedades calmantes. Puede ayudar con el malestar estomacal, promover la relajación y ayudar a conciliar el sueño.

- Remoja las flores de manzanilla en agua caliente durante 5 a 10 minutos.
- Bebe té de manzanilla cuando tengas malestar estomacal o antes de acostarte para relajarte y mejorar la calidad del sueño.

Jugo de aloe vera

El jugo de aloe vera es beneficioso para la salud digestiva y puede ayudar a calmar la acidez y las molestias digestivas.

- Compra jugo de aloe vera de una fuente confiable o extraiga gel de aloe vera fresco de la planta.
- Consume jugo de aloe vera según sea necesario para favorecer la digestión. Generalmente se toma antes o después de las comidas para reducir la acidez y promover el confort digestivo.

Tabletas de carbón activado

Son conocidas por su capacidad para aliviar los gases y la hinchazón. Pueden ser eficaces para reducir el exceso de gases.

- Compra tabletas de carbón activado en una farmacia o tienda naturista.
- Toma tabletas de carbón activado según sea necesario, especialmente después de las comidas o cuando experimentes gases e hinchazón. Sigue la dosis recomendada en la etiqueta del producto.

Vinagre de sidra de manzana

Se utiliza a menudo para ayudar a la digestión y reducir los síntomas de acidez estomacal. También puede ayudar a equilibrar los niveles de pH en el cuerpo.

- Mezcla una cucharada de vinagre de sidra de manzana en un vaso de agua.
- Tómalo antes de las comidas para favorecer la digestión o cuando experimentes acidez estomacal. Es recomendable empezar con una pequeña cantidad y aumentar gradualmente si es necesario.

Té de raíz de diente de león

Sirve como diurético y puede ser beneficioso para la salud y la desintoxicación de los riñones.

- Remoja la raíz de diente de león seca en agua caliente durante 10 a 15 minutos.
- Consume té de raíz de diente de león según sea necesario para la salud de los riñones o durante los períodos de desintoxicación. Puede promover un flujo de orina saludable y ayudar en la eliminación de toxinas del cuerpo.

Infusión de jengibre y miel

Esta infusión combina los beneficios digestivos del jengibre con las propiedades calmantes de la miel. Es excelente para la digestión y proporciona apoyo inmunológico.

- Mezcla el jengibre rallado con miel y déjalo reposar en agua caliente.
- Consume esta infusión según sea necesario para la digestión y el apoyo inmunológico. Es especialmente útil después de las comidas o cuando sientes que se avecina un resfriado o una gripe.

Infusión de semillas de comino

Puede ayudar con el alivio digestivo, especialmente para problemas como gases e indigestión.

- Hierve las semillas de comino en agua durante 10 a 15 minutos y luego cuela.
- Bebe infusión de semillas de comino después de las comidas o cuando experimentes molestias digestivas. Puede ayudar en la digestión y reducir los gases.

Cápsulas de aceite de menta

Pueden aliviar eficazmente los síntomas del síndrome del intestino irritable (SII), incluidos dolor abdominal, hinchazón y gases.

- Compra cápsulas de aceite de menta con cubierta entérica en una farmacia o tienda naturista.
- Toma las cápsulas de aceite de menta como se indica en la etiqueta del producto. Por lo general, se recomienda tomarlo antes de las comidas para aliviar el SII.

Tabletas de enzimas de papaya

Contienen enzimas digestivas naturales (papaína) que ayudan en la descomposición de las proteínas y pueden reducir los síntomas de la indigestión.

- Compra tabletas de enzima de papaya en una farmacia o tienda naturista.
- Toma tabletas de enzima de papaya como se indica en la etiqueta del producto, generalmente antes o después de las comidas para favorecer la digestión y reducir la indigestión.

Té de raíz de regaliz

Puede ayudar a aliviar la acidez estomacal, el reflujo ácido y la indigestión. Tiene propiedades antiinflamatorias y mucilaginosas.

- Remoja la raíz de regaliz en agua caliente durante 5 a 10 minutos.
- Bebe té de raíz de regaliz cuando experimentes síntomas de acidez estomacal o indigestión. Puede proporcionar alivio al cubrir el revestimiento del estómago.

Té de semillas de alcaravea

Es conocido por sus propiedades carminativas, lo que lo hace eficaz para reducir los gases y la hinchazón.

- Remoja las semillas de alcaravea en agua caliente durante 10 a 15 minutos.
- Consume té de semillas de alcaravea después de las comidas para ayudar a la digestión y reducir los gases y la hinchazón. También puede aliviar las molestias estomacales.

Suplementos probióticos

Los suplementos probióticos contienen bacterias beneficiosas que favorecen un microbioma intestinal saludable y ayudan en la digestión.

- Compra un suplemento probiótico de buena reputación en una farmacia o tienda naturista.
- Toma suplementos probióticos como se indica en la etiqueta del producto. Por lo general, se toman a diario para promover la salud intestinal y ayudar a la digestión.

Extracto de hoja de alcachofa

Puede mejorar la función digestiva, reducir los síntomas de la indigestión y favorecer la salud del hígado.

- Compra suplementos de extracto de hoja de alcachofa en una farmacia o tienda naturista.
- Tómalo como se indica en la etiqueta del producto para mejorar la salud digestiva y reducir la indigestión.

Té de corteza de olmo rojo

Puede ayudar a aliviar las molestias digestivas, incluidas la acidez estomacal y la indigestión, al formar una capa protectora en el estómago.

- Remoja en agua caliente durante 5 a 10 minutos.
- Tómalo según sea necesario para aliviar el malestar digestivo, especialmente cuando tengas acidez estomacal o indigestión.

Agua de menta y limón

El agua de menta y limón es refrescante y ayuda a la digestión. La menta ayuda con los gases y la hinchazón, mientras que el limón favorece la función hepática.

- Agrega hojas de menta fresca y rodajas de limón a una jarra de agua. Déjalo en infusión durante unas horas.
- Toma durante todo el día para mantenerte hidratado y favorecer la digestión.

Infusión de canela y miel

Puede ayudar a regular los niveles de azúcar en sangre y ayudar en la digestión.

- Mezcla canela en polvo y miel en agua caliente.
- Consume la infusión después de las comidas para favorecer la digestión y ayudar a estabilizar los niveles de azúcar en sangre.

Agua de cebada

Es una bebida suave y calmante que puede ayudar a reducir las infecciones del tracto urinario (ITU) y promover la salud digestiva.

- Hierve la cebada en agua hasta que esté blanda, luego cuela y enfría el líquido.
- Bebe agua de cebada durante todo el día para mantenerte hidratado y favorecer la salud urinaria y digestiva.

Infusión de limón y jengibre

Combina las propiedades calmantes del jengibre con los efectos reguladores de la acidez del limón. Ayuda a la digestión y a aliviar la indigestión.

- Corta jengibre fresco en rodajas y agrégalo al agua caliente junto con el jugo de limón.
- Consume esta infusión antes o después de las comidas para favorecer la digestión y reducir los síntomas de indigestión.

Té de semillas de fenogreco

Se sabe que las semillas de fenogreco alivian las molestias digestivas, incluidos los gases, la hinchazón y la indigestión. También promueven deposiciones saludables.

- Remoja las semillas de fenogreco en agua caliente durante 10 a 15 minutos.
- Bebe té de semillas de fenogreco después de las comidas para ayudar a la digestión, reducir los gases y promover la regularidad de las deposiciones.

Masticables de canela y menta

La combinación de canela y menta puede ayudar a calmar la digestión y reducir los gases y la hinchazón.

- Mezcla canela en polvo y hojas de menta con miel para formar pequeños masticables.
- Mastícalos después de las comidas para ayudar a la digestión y reducir los gases y la hinchazón.

Agua de eneldo

Es un remedio tradicional tanto para bebés como para adultos. Puede aliviar las molestias digestivas, especialmente en casos de cólicos, gases e indigestión.

- Hierve las semillas de eneldo en agua, luego cuela y enfría el líquido.
- Consume agua de eneldo según sea necesario para aliviar las molestias digestivas, especialmente en casos de cólicos o gases.

Jugo de amla (grosella espinosa india)

Es rico en vitamina C y antioxidantes, favorece la salud digestiva general y reduce la acidez.

- Extrae jugo de amla fresco o cómpralo de una fuente confiable.
- Consúmelo diariamente para favorecer la digestión y reducir la acidez. Se puede tomar por la mañana en ayunas.

Jugo de repollo

Es conocido por sus propiedades antiinflamatorias y puede ayudar a aliviar la inflamación digestiva, incluidas las úlceras y la gastritis.

- Jugo de hojas de repollo fresco.
- Bebe jugo de repollo diariamente para reducir la inflamación digestiva y favorecer la curación en casos de úlceras o gastritis.

Masticables de raíz de regaliz

Pueden ayudar a aliviar la indigestión, la acidez estomacal y el reflujo ácido al formar una capa protectora en el esófago.

- Mezcla el polvo de raíz de regaliz con miel para formar pequeños masticables.
- Mastícalos después de las comidas o cuando experimentes acidez estomacal o reflujo ácido.

Cáscara de ispagula

Es una fuente natural de fibra soluble que puede ayudar a hacerte defecar con regularidad y aliviar el estreñimiento.

- Mezcla la cáscara de ispagula con agua o jugo.
- Consume cáscara de ispagula como se indica en la etiqueta del producto para promover deposiciones regulares y aliviar el estreñimiento.

Té de cardamomo

Puede ayudar a aliviar la indigestión, los gases y la hinchazón a la vez que proporciona un sabor agradable.

- Tritura las vainas de cardamomo y déjalas reposar en agua caliente durante 5 a 10 minutos.
- Bebe té de cardamomo después de las comidas para ayudar a la digestión y reducir los gases y la hinchazón.

Infusión de semillas de cilantro

Es beneficiosa para calmar las molestias digestivas, incluidos los gases y la indigestión.

- Remoja las semillas de cilantro en agua caliente durante 10 a 15 minutos.
- Consume infusión de semillas de cilantro después de las comidas para favorecer la digestión y reducir los gases y la indigestión.

Estos remedios ofrecen formas naturales de mejorar la salud digestiva, aliviar las molestias y apoyar el bienestar general. Ajusta la frecuencia y la dosis según tus necesidades individuales y consulta a un profesional de la salud si los problemas digestivos persisten o empeoran.

Dolor e irritaciones de la piel

Ungüento de caléndula

Es conocido por sus propiedades curativas y calmantes para la piel. Puede promover la curación de cortes menores, quemaduras e irritaciones de la piel.

- Para preparar un ungüento de caléndula, infunde flores secas de caléndula en un aceite portador (como aceite de oliva) durante varias semanas.
- Luego, mezcla el aceite infundido con cera de abejas para crear un ungüento con la consistencia deseada.

- Aplica el ungüento de caléndula tópicamente en el área afectada. Es particularmente eficaz para calmar y promover la curación de problemas de la piel.

Aceite de lavanda

Es conocido por sus propiedades calmantes y antimicrobianas. Se usa comúnmente para calmar picaduras de insectos e irritaciones menores de la piel.

- El aceite esencial de lavanda debe diluirse con un aceite portador (como el de coco o de jojoba) antes de aplicarlo sobre la piel para evitar irritación.

- Aplica el aceite de lavanda diluido tópicamente sobre las picaduras de insectos o áreas de irritación de la piel para obtener alivio. También se puede utilizar en aromaterapia para relajarte.

Aceite de árnica

Es conocido por sus propiedades antiinflamatorias. Con frecuencia se usa tópicamente para aliviar las molestias asociadas con hematomas, dolores musculares y articulares.

- Infunde flores de árnica secas en un aceite portador (por ejemplo, aceite de oliva) para crear aceite de árnica.

- Masajea suavemente el aceite de árnica en el área afectada para reducir la inflamación y promover la curación.

- Evita el uso en piel lesionada.

Gel de aloe vera

Es una opción popular por sus propiedades calmantes e hidratantes. A menudo se utiliza para aliviar las quemaduras solares y la piel irritada.

- Para usar gel de aloe vera, simplemente extrae el gel fresco de las hojas de una planta de aloe vera.

- Aplica el gel de aloe vera directamente sobre la piel quemada o irritada por el sol. Puede proporcionar alivio calmante y ayudar en la recuperación de la piel.

Baño de avena

Es conocido por su capacidad para aliviar la picazón y calmar la piel seca e irritada. Es particularmente útil para condiciones como el eccema.

- Puedes agregar avena directamente a un baño tibio o crear una pasta de avena mezclando avena con agua.
- Sumérgete en el baño con infusión de avena o aplica la pasta de avena en las áreas afectadas de la piel. Puede ayudar a aliviar la picazón y la sequedad.

Tónico de hamamelis

El hamamelis es un astringente natural con propiedades antiinflamatorias. Se utiliza frecuentemente como tónico para reducir la inflamación y calmar la piel.

- Puedes comprar tónico de hamamelis en una tienda o crear el tuyo propio diluyendo el extracto de hamamelis con agua.
- Aplícalo en la piel con una bolita o almohadilla de algodón. Se usa comúnmente como parte de una rutina de cuidado para promover la salud de la piel.

Ungüento de pamplina

Es conocido por sus propiedades antiinflamatorias y calmantes. A menudo se aplica para aliviar afecciones de la piel como el eczema y la psoriasis.

- Para preparar un ungüento de pamplina, infunde pamplina seca en un aceite portador y mézclalo con cera de abejas para lograr la consistencia deseada.
- Aplica un ungüento de pamplina tópicamente en las áreas afectadas por eczema o psoriasis para aliviar y promover la curación de la piel.

Aceite de árbol de té

El aceite de árbol de té tiene poderosas propiedades antibacterianas y antimicrobianas, lo que lo hace útil para tratar el acné y otros problemas de la piel.

- Diluye el aceite esencial de árbol de té con un aceite portador (por ejemplo, aceite de coco) antes de aplicarlo sobre la piel para evitar la irritación de la piel.
- Aplica el aceite de árbol de té diluido en las manchas de acné o áreas preocupantes por sus efectos antibacterianos. Evita el uso de aceite de árbol de té sin diluir directamente sobre la piel.

Aceite de coco para el eczema

El aceite de coco sin refinar es un excelente humectante natural. Puede ayudar a aliviar la sequedad y reducir la irritación asociada con el eczema.

- Utiliza aceite de coco sin refinar tal cual, sin necesidad de preparación.
- Aplica aceite de coco a la piel propensa al eczema para hidratar y calmar las áreas secas e irritadas. Es una opción suave y natural para el cuidado de la piel.

Baño de sal de epsom

Los baños de sal de Epsom son excelentes para calmar los músculos doloridos, reducir la inflamación y promover la relajación.

- Disuelve la sal de Epsom en un baño tibio.
- Sumérgete en un baño de sal de Epsom para aliviar los músculos adoloridos, reducir la inflamación y relajarte después de un largo día.

Miel de manuka

Es conocida por sus potentes propiedades antibacterianas y cicatrizantes. Puede promover la curación de cortes, quemaduras y heridas menores.

- Utilízala tal cual, sin ningún tipo de preparación.
- Aplícala tópicamente en cortes, quemaduras o heridas menores y cúbrelas con una venda. Puede ayudar en la cicatrización de heridas y prevenir infecciones.

Baño de lavanda y manzanilla

Un baño de lavanda y manzanilla es relajante y calmante para la piel. Puede ayudar a reducir la irritación y promover la relajación.

- Agrega flores secas de lavanda y manzanilla a un baño tibio.
- Sumérgete en el baño con infusión de lavanda y manzanilla para relajar y calmar la piel. Es particularmente beneficioso para pieles irritadas o sensibles.

Loción de calamina

Es un remedio clásico para aliviar la picazón, las erupciones y la irritación, como las causadas por la hiedra venenosa o las picaduras de insectos.

- Compra loción de calamina en una farmacia o tienda.
- Aplica loción de calamina directamente en el área afectada para aliviar la picazón y calmar la piel.
- Sigue las instrucciones del producto para obtener mejores resultados.

Aceite de eucalipto para el dolor muscular

El aceite de eucalipto tiene propiedades analgésicas y puede ayudar a aliviar el dolor y el malestar muscular.

- Diluye el aceite esencial de eucalipto con un aceite portador, como el aceite de coco.
- Masajea suavemente el aceite de eucalipto diluido en los músculos doloridos para reducir el malestar y promover la relajación.

Manteca de karité para pieles secas

La manteca de karité es un rico humectante natural que puede hidratar y calmar profundamente la piel seca y escamosa.

- Utiliza manteca de karité tal cual, sin ninguna preparación.

- Aplica manteca de karité en las áreas secas de la piel, como codos, rodillas y talones, para proporcionar una hidratación intensa y aliviar la sequedad.

Aceite de neem

Tiene propiedades antimicrobianas y antiinflamatorias, lo que lo hace útil para tratar diversos problemas de la piel, incluidos el acné y el eccema.

- Diluye el aceite de neem con un aceite portador (por ejemplo, aceite de jojoba o de coco) antes de aplicarlo sobre la piel.
- Aplica el aceite de neem diluido en áreas afectadas por problemas de la piel como acné o eczema por sus efectos antibacterianos y antiinflamatorios.

Infusión de raíz de malvavisco

Puede ayudar a calmar e hidratar la piel seca e irritada. Es particularmente útil para afecciones como el eczema.

- Remoja la raíz de malvavisco seca en agua caliente durante 10 a 15 minutos.
- Aplica tópicamente la infusión de raíz de malvavisco enfriada sobre la piel seca e irritada para hidratarla y calmarla.

Aceite de onagra para el eczema

El aceite de onagra es rico en ácido gamma-linolénico (GLA) y puede ayudar a aliviar los síntomas del eccema al reducir la inflamación y mejorar la función de la barrera cutánea.

- Aplica aceite de onagra tópicamente en las áreas propensas al eczema.
- Masajea la piel con aceite de onagra para aliviar los síntomas del eczema y mejorar la hidratación de la piel.

Estos remedios ofrecen soluciones naturales para calmar las irritaciones de la piel, aliviar el dolor y promover la salud de la piel. Ajusta la frecuencia y la aplicación para satisfacer tus necesidades específicas y consulta con un profesional de la salud si tienes problemas cutáneos graves o persistentes.

Dormir

Té de valeriana

La raíz de valeriana tiene un efecto calmante sobre el sistema nervioso y es conocida por su capacidad para mejorar la calidad del sueño y reducir el insomnio.

- Remoja la raíz de valeriana en agua caliente durante 10 a 15 minutos para preparar té de valeriana.
- Bebe una taza de té de valeriana antes de acostarte para promover un sueño reparador. Puede ayudar a aliviar la ansiedad e inducir una sensación de relajación.

Bolsitas de lavanda

La lavanda es conocida por su aroma calmante. Los sobres llenos de flores secas de lavanda pueden favorecer la relajación y un sueño reparador.

- Coloca las flores secas de lavanda en una bolsita.
- Mantén la bolsita debajo de la almohada o cerca de la cama. El relajante aroma a lavanda puede ayudarte a relajarte y mejorar la calidad de tu sueño.

Tintura de manzanilla

La manzanilla es conocida por sus propiedades calmantes. La tintura de manzanilla puede ayudar a calmar los nervios y favorecer el sueño.

- Puedes comprar tintura de manzanilla en un lugar confiable o hacer la tuya propia remojando flores de manzanilla en alcohol.
- Toma unas gotas de tintura de manzanilla antes de acostarte para ayudarte a relajarte y prepararte para un sueño reparador.

Infusión de pasiflora

La pasiflora es reconocida por sus efectos reductores de la ansiedad y promotores del sueño. Una infusión de hojas secas de pasiflora puede ayudar a reducir la ansiedad e inducir el sueño.

- Remoja las hojas secas de pasiflora en agua caliente durante 10 a 15 minutos para hacer una infusión de pasiflora.
- Bebe infusión de pasiflora por la noche para aliviar la ansiedad y preparar tu cuerpo para un sueño reparador.

Alimentos ricos en melatonina

Alimentos como las cerezas, los plátanos y la avena contienen melatonina, una hormona que regula los ciclos de sueño-vigilia. El consumo de estos alimentos puede mejorar la producción de melatonina en el cuerpo, lo que ayuda a conciliar el sueño.

- Incorpora a tu dieta alimentos ricos en melatonina, como tomar una pequeña ración de cerezas o un plátano antes de acostarte.
- El consumo de estos alimentos puede favorecer de forma natural los patrones de sueño de tu cuerpo y ayudarte a conciliar el sueño más fácilmente.

Té de bálsamo de limón

El bálsamo de limón es conocido por sus propiedades calmantes y por reducir la ansiedad. Puede favorecer la relajación antes de dormir.

- Remoja hojas de bálsamo de limón frescas o secas en agua caliente durante 5 a 10 minutos para preparar té de bálsamo de limón.
- Bebe una taza antes de acostarte para reducir la ansiedad e inducir una sensación de calma, lo que puede contribuir a dormir mejor.

Cápsulas de ashwagandha

Es una hierba adaptógena conocida por sus propiedades reductoras del estrés. Las cápsulas de Ashwagandha pueden ayudar a controlar el estrés y mejorar la calidad del sueño.

- Compra cápsulas de ashwagandha de una fuente confiable.
- Toma cápsulas de ashwagandha según lo recomendado para reducir los niveles de estrés, lo que puede afectar positivamente tus patrones de sueño.

Tintura de amapola californiana

Tiene efectos sedantes y se utiliza para aliviar el insomnio y la ansiedad.

- Compra tintura de amapola californiana de una fuente confiable.
- Úsala como sedante para ayudar a mejorar la calidad del sueño y reducir la ansiedad.

Té de lúpulo

Las flores de lúpulo son conocidas por sus suaves efectos sedantes. El té de lúpulo puede favorecer la relajación y el sueño.

- Remoja las flores de lúpulo en agua caliente durante 10 a 15 minutos para preparar té de lúpulo.
- Disfruta de una taza de té de lúpulo antes de acostarte para inducir la relajación y favorecer un sueño reparador.

Infusión de escutelaria

La escutelaria se utiliza tradicionalmente para reducir la tensión nerviosa y la ansiedad, por lo que es adecuada para favorecer el sueño.

- Haz una infusión con hierba escutelaria seca dejándola reposar en agua caliente durante 10 a 15 minutos.
- Consume infusión de escutelaria por la noche para aliviar la ansiedad y preparar Tu mente y cuerpo para una noche de sueño tranquilo.

Aceite esencial de lavanda

El aceite esencial de lavanda es conocido por sus propiedades calmantes y relajantes. Puede promover una mejor calidad del sueño.

- Diluye el aceite esencial de lavanda con un aceite portador (por ejemplo, aceite de jojoba o de coco).
- Aplica aceite de lavanda diluido tópicamente en los puntos de tu pulso o úsalo en un difusor en tu dormitorio para crear un ambiente relajante antes de acostarte.

Leche tibia con nuez moscada

La leche tibia contiene triptófano, un aminoácido que puede favorecer el sueño. La nuez moscada añade un sabor reconfortante.

- Calienta una taza de leche (con lactosa o sin) y agrega una pizca de nuez moscada.
- Tómala unos 30 minutos antes de acostarte para inducir la relajación y ayudar a conciliar el sueño.

Té de verbena de limón

Tiene un agradable aroma cítrico y puede favorecer la relajación y reducir el estrés.

- Remoja hojas de verbena de limón frescas o secas en agua caliente durante 5 a 10 minutos para preparar té de verbena de limón.
- Disfruta de una taza de té de verbena de limón por la noche para relajarte y reducir el estrés, lo que contribuye a dormir mejor.

Alimentos ricos en magnesio

El magnesio es esencial para la relajación muscular y puede ayudar a mejorar la calidad del sueño. Alimentos como las almendras, las espinacas y el chocolate amargo son ricos en magnesio.

- Incluye alimentos ricos en magnesio en tu dieta diaria.
- Consume estos alimentos con regularidad para favorecer la relajación muscular y mejorar la calidad del sueño de forma natural.

Espray de lavanda

Puede infundir a tu ropa de cama un relajante aroma a lavanda, promoviendo la relajación y un mejor sueño.

- Mezcla unas gotas de aceite esencial de lavanda con agua en una botella con atomizador.
- Rocía ligeramente tus sábanas y fundas de almohada con espray de lavanda antes de acostarte para disfrutar del aroma calmante.

Yoga y meditación

La práctica regular de yoga y la meditación puede reducir el estrés, la ansiedad y el insomnio, lo que mejora el sueño.

- Encuentra un espacio tranquilo y sigue una rutina de yoga o meditación.
- Participa en sesiones de yoga o meditación por la noche para relajar la mente y el cuerpo, lo que te ayudará a dormir mejor.

Tintura de lechuga silvestre

Tiene efectos sedantes leves y se utiliza para aliviar el insomnio y la ansiedad.

- Compra tintura de lechuga silvestre de una fuente confiable.
- Tómala según las indicaciones para ayudar a inducir la relajación y mejorar la calidad del sueño.

Aceite esencial de cedro

Su aroma puede promover la relajación y ayudar con el sueño.

- Diluye el aceite esencial de madera de cedro con un aceite portador.
- Difunde aceite de madera de cedro diluido en tu dormitorio o aplícalo tópicamente en la piel antes de acostarte para mejorar la relajación y el sueño.

Rutina antes de dormir

Establecer una rutina relajante a la hora de acostarte puede indicarte a tu cuerpo que es hora de relajarse y prepararse para dormir.

- Crea una rutina constante que incluya actividades relajantes, como leer, hacer estiramientos suaves o tomar un baño tibio.
- Sigue tu rutina a la hora de acostarte cada noche para entrenar tu cuerpo para que se relaje y se prepara para un sueño reparador.

Tintura de escutelaria

Se utiliza para reducir la ansiedad y promover la relajación, lo que la convierte en una opción adecuada para mejorar el sueño.

- Compra tintura de escutelaria de una fuente confiable.
- Tómala según las indicaciones por la noche para reducir la ansiedad y mejorar la calidad del sueño.

Estos remedios ofrecen varios enfoques naturales para ayudarte a relajarte, reducir el estrés y disfrutar de un mejor sueño nocturno. Incorpora aquellos que resuenen contigo en tu rutina antes de acostarte para mejorar la calidad del sueño.

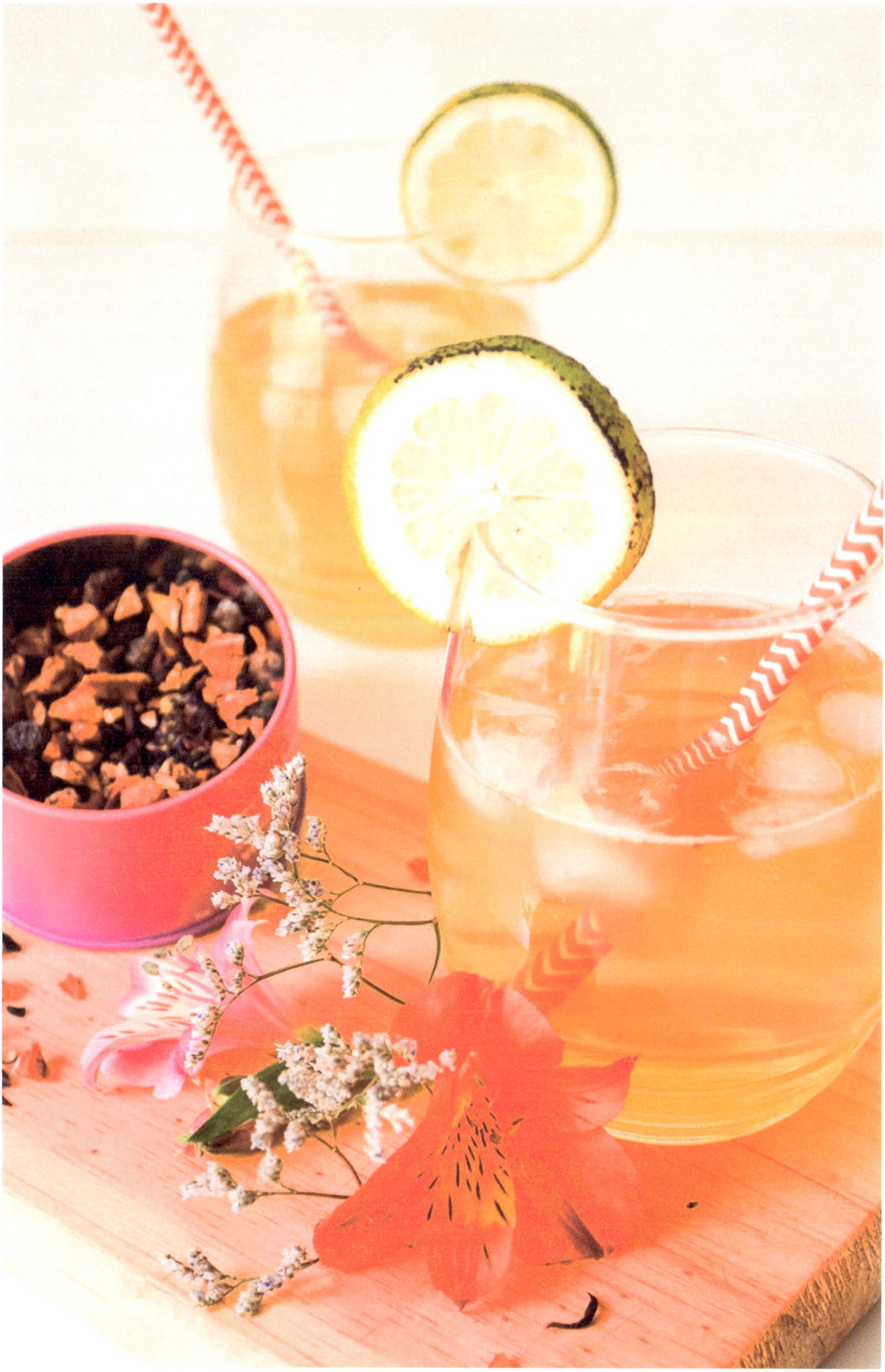

Ansiedad

Té de bálsamo de limón

Es conocido por sus efectos calmantes y reductores de la ansiedad. Puede ayudar a reducir el estrés, promover la relajación y aliviar los síntomas de ansiedad.

- Remoja hojas de bálsamo de limón frescas o secas en agua caliente durante 5 a 10 minutos para preparar té de bálsamo de limón.
- Bebe una taza de té de bálsamo de limón durante el día, especialmente durante situaciones estresantes, para ayudar a reducir la ansiedad e inducir una sensación de calma.

Tintura de ashwagandha

Es una hierba adaptógena que ayuda al cuerpo a gestionar el estrés de forma más eficaz. La tintura de Ashwagandha puede contribuir a la reducción del estrés y al bienestar general.

- Puedes comprar tintura de ashwagandha de una fuente confiable o hacer la tuya propia remojando la raíz de ashwagandha en alcohol durante varias semanas.
- Toma unas gotas con regularidad como parte de tu rutina diaria para ayudar a tu cuerpo a adaptarse al estrés y promover una sensación de calma.

Té de Kava Kava

La raíz de kava kava es conocida por sus propiedades sedantes y reductoras de la ansiedad. El té de kava kava puede inducir la relajación y aliviar los síntomas de ansiedad.

- Remoja la raíz de kava kava en agua caliente durante 10 a 15 minutos para preparar té de kava kava.

- Consume té de kava kava con moderación cuando sea necesario para ayudar a reducir la ansiedad y promover la relajación.
- Ten cuidado con su uso y consulta a un profesional de la salud si tienes alguna inquietud.

Aceite de hierba de San Juan

La hierba de San Juan se utiliza a menudo para mejorar el estado de ánimo y reducir la ansiedad leve. El aceite de hierba de San Juan se puede aplicar tópicamente para beneficiarte de sus propiedades para mejorar el estado de ánimo.

- Infunde flores de hierba de San Juan en un aceite portador para hacer aceite de hierba de San Juan.
- Aplica aceite de hierba de San Juan en las áreas de interés, como las sienes o los puntos del pulso, para ayudar a mejorar el estado de ánimo y aliviar la ansiedad leve.

Té de flor de tilo

Tiene propiedades calmantes, lo que lo hace eficaz para reducir la ansiedad y favorecer la relajación.

- Remoja las flores de tilo secas en agua caliente durante 5 a 10 minutos para preparar té de flores de tilo.
- Disfruta de una taza de té de flor de tilo durante todo el día, especialmente cuando te sientas ansioso o estresado, para ayudar a calmar los nervios e inducir una sensación de tranquilidad.

Tintura de pasiflora

La pasiflora es conocida por sus efectos ansiolíticos (reductores de la ansiedad). La tintura de pasiflora puede ayudar a reducir los síntomas de ansiedad.

- Puedes comprar tintura de pasiflora de una fuente confiable o hacer la tuya propia remojando hojas de pasiflora en alcohol.
- Toma tintura de pasiflora según sea necesario para aliviar los síntomas de ansiedad y promover la relajación.

Aceite esencial de lavanda

Es ampliamente reconocido por sus propiedades calmantes y aliviadoras de la ansiedad. Puede promover la relajación y reducir el estrés.

- Diluye el aceite esencial de lavanda con un aceite portador (por ejemplo, aceite de coco o de jojoba) antes de usarlo tópicamente o para aromaterapia.
- Difunde aceite de lavanda en tu espacio vital, inhala su aroma o aplícalo tópicamente (debidamente diluido) para beneficiarte de sus efectos para aliviar la ansiedad.

Cápsulas de rodiola rosada

Rhodiola rosea es una hierba adaptógena conocida por sus propiedades reductoras del estrés. Sus cápsulas pueden ayudar al cuerpo a adaptarse al estrés y controlar la ansiedad.

- Compra cápsulas de Rhodiola rosea de una fuente confiable.
- Toma las cápsulas según lo recomendado para apoyar el manejo del estrés y reducir los síntomas de ansiedad.

Té de manzanilla

Es un remedio suave y calmante para reducir el estrés y la ansiedad. Promueve la relajación y puede ayudar a aliviar la tensión.

- Remoja las flores de manzanilla en agua caliente durante 5 a 10 minutos para preparar té de manzanilla.

- Bebe té de manzanilla durante todo el día, especialmente cuando te sientas ansioso o estresado, para ayudar a calmar los nervios y reducir la ansiedad.

Tintura de Bacopa Monnieri

Bacopa monnieri es una hierba adaptógena que apoya la función cognitiva y puede ayudar a reducir los síntomas de ansiedad.

- Puedes comprar tintura de Bacopa monnieri de una fuente confiable o hacer la tuya propia remojando hojas de Bacopa en alcohol.
- Toma tintura de Bacopa monnieri con regularidad para apoyar la salud cognitiva y reducir los síntomas de ansiedad.

Té de rodiola rosada

La rodiola rosada es una hierba adaptógena conocida por sus propiedades reductoras del estrés. Su té puede ayudar a reducir la ansiedad y promover una sensación de calma.

- Remoja la raíz seca de Rhodiola rosea en agua caliente durante 10 a 15 minutos para preparar té.
- Disfruta de una taza cuando te sientas ansioso o estresado para ayudar a controlar los síntomas de ansiedad.

Baño con aroma a lavanda

Un baño con aroma a lavanda puede proporcionar relajación y reducir la ansiedad. El agua tibia y el aroma relajante pueden calmar los nervios.

- Agrega unas gotas de aceite esencial de lavanda al agua de tu baño.
- Toma un baño con aroma a lavanda por la noche para descansar, relajarte y aliviar los síntomas de ansiedad.

Infusión de hierbaluisa

La infusión de hierbaluisa es calmante y ayuda a reducir el estrés y la ansiedad.

- Remoja hojas frescas o secas en agua caliente durante 10 a 15 minutos para preparar una infusión.
- Consúmela según sea necesario durante el día para aliviar la ansiedad y promover la relajación.

Bolsita de lavanda y manzanilla

Una bolsita de flores secas de lavanda y manzanilla puede favorecer la relajación y reducir la ansiedad, especialmente durante el sueño.

- Prepara una bolsita llenándola con flores secas de lavanda y manzanilla.
- Colócala debajo de la almohada o cerca de la cama para disfrutar de los aromas calmantes y reducir la ansiedad antes de acostarte.

Suplementos de L-teanina

La L-teanina es un aminoácido que se encuentra en las hojas de té y que puede promover la relajación y reducir el estrés y la ansiedad.

- Compra suplementos de L-teanina de una fuente confiable.
- Toma suplementos de L-teanina según las indicaciones para favorecer la relajación y la reducción de la ansiedad.

Baño de lavanda y sales de Epsom

Los baños de sal de Epsom con aceite esencial de lavanda añadido pueden relajar los músculos y calmar la mente, reduciendo la ansiedad.

- Agrega sal de Epsom y unas gotas de aceite esencial de lavanda a un baño tibio.
- Sumérgete en el baño de sal de Epsom con infusión de lavanda para aliviar la tensión muscular y la ansiedad.

Tintura de lúpulo

El lúpulo tiene efectos sedantes leves y puede ayudar a reducir la ansiedad e inducir la relajación.

- Compra tintura de lúpulo de una fuente confiable.
- Toma tintura de lúpulo según las indicaciones para ayudar a aliviar la ansiedad y promover la relajación.

Ejercicios de yoga y respiración

Hacer yoga regularmente y ejercicios de respiración profunda pueden reducir la ansiedad, disminuir los niveles de estrés y promover la relajación.

- Encuentra un espacio tranquilo y practica yoga o ejercicios de respiración profunda.
- Incorpora el yoga y ejercicios de respiración profunda en tu rutina diaria para controlar la ansiedad y mejorar el bienestar general.

Mezcla de aceites esenciales de lavanda y manzanilla

Se puede difundir o aplicar tópicamente una mezcla de aceites esenciales de lavanda y manzanilla para reducir la ansiedad y promover la relajación.

- Diluye los aceites esenciales de lavanda y manzanilla con aceite portador (por ejemplo, aceite de jojoba o de coco).
- Difunde la mezcla de aceites esenciales en tu hogar o aplícala tópicamente (debidamente diluida) para beneficiarte de sus efectos para aliviar la ansiedad.

Arte y expresión creativa

Participar en el arte y la expresión creativa puede servir como una salida terapéutica para controlar la ansiedad y reducir el estrés.

- Reúne materiales de arte o participa en una actividad creativa que disfrutes.
- Dedica tiempo a crear arte o participar en un pasatiempo creativo para expresar emociones, reducir la ansiedad y promover la relajación.

Estos remedios ofrecen varios enfoques para ayudar a controlar la ansiedad y promover la relajación. Incorpora aquellos que resuenen contigo en tu rutina diaria para apoyar tu bienestar mental y emocional.

Para migrañas

Tintura de matricaria

La matricaria (Tanacetum parthenium) es un remedio herbal tradicional que se utiliza para prevenir y reducir la frecuencia y gravedad de las migrañas. Se cree que actúa reduciendo la inflamación y la constricción de los vasos sanguíneos en el cerebro, que son desencadenantes comunes de las migrañas.

Tienes dos opciones para obtener tintura de matricaria:

1. **Cómprala**
   - Puedes comprar tintura de matricaria en una fuente confiable, como una tienda naturista o una botica de hierbas. Asegúrate de que sea un producto de alta calidad de un fabricante confiable.

2. **Prepárala**
   - Si prefieres hacer tu propia tintura de matricaria, puedes hacerla remojando las hojas de matricaria en alcohol. Aquí tienes un proceso básico:
     - Reúne hojas secas de matricaria (también se pueden usar hojas frescas).

- Llena un frasco de vidrio con las hojas de matricaria, dejando algo de espacio en la parte superior.
- Vierte alcohol (normalmente vodka u otro alcohol de alta graduación) sobre las hojas, asegurándote de que estén completamente sumergidas.
- Sella bien el frasco y guárdalo en un lugar fresco y oscuro durante varias semanas, agitándolo suavemente aproximadamente todos los días.
- Después de varias semanas, cuela el líquido para eliminar el material vegetal y transfiere la tintura resultante a una botella de vidrio oscuro y limpia con un gotero.

Para utilizar tintura de matricaria para la prevención de la migraña:

- Toma unas cuantas gotas (normalmente de 10 a 20 gotas) de tintura de matricaria al día.
- La dosis exacta puede variar según la concentración de la tintura, por lo que es recomendable consultar con un proveedor de atención médica o seguir las instrucciones de dosificación recomendadas en la etiqueta del producto.
- La constancia es clave, por lo que es mejor tomarla regularmente para ver todos sus efectos preventivos.
- Pueden pasar de algunas semanas a algunos meses antes de que notes mejoras significativas en la frecuencia y gravedad de las migrañas.

Consideraciones importantes

- Por favor ten en cuenta que, si bien la matricaria generalmente se considera segura para muchas personas, puede no ser adecuada para todos y puede interactuar con ciertos medicamentos o causar efectos secundarios en algunos casos.
- Es importante consultar con un proveedor de atención médica antes de comenzar cualquier nuevo remedio a base de hierbas, especialmente si estás embarazada, amamantando o tomando medicamentos.
- Tu proveedor de atención médica puede ayudarte a determinar la dosis correcta y garantizar que la matricaria sea una opción segura y adecuada para ti. También puede brindarte orientación sobre las posibles interacciones con cualquier medicamento que estés tomando.

Petasita (Petasites hybridus)

La petasita es conocida por su capacidad para reducir la frecuencia y gravedad de las migrañas. Actúa reduciendo la inflamación y relajando los vasos sanguíneos del cerebro.

- Los suplementos de petasita están disponibles en varias formas, incluidas cápsulas y tabletas.
- Toma suplementos de petasita según las indicaciones del fabricante o de tu proveedor de atención médica. Busca productos que estén etiquetados como «libres de PA» para asegurarte de que no contengan alcaloides de pirrolizidina dañinos.

Magnesio

Es un mineral esencial que puede ayudar a prevenir las migrañas al relajar los vasos sanguíneos y reducir la liberación de ciertos neurotransmisores asociados con las migrañas.

- Los suplementos de magnesio están ampliamente disponibles en diversas formas, como óxido de magnesio, citrato de magnesio y glicinato de magnesio.
- Toma suplementos de magnesio según lo recomiende tu proveedor de atención médica. La dosis puede variar según la forma específica de magnesio y tus necesidades individuales.

Alimentos ricos en ácidos grasos

Los ácidos grasos omega-3, que se encuentran en pescados grasos como el salmón y las semillas de lino, tienen propiedades antiinflamatorias y pueden ayudar a reducir la frecuencia de las migrañas.

- Incorpora alimentos ricos en omega-3 a tu dieta o considera suplementos de aceite de pescado.

- Consume pescado graso al menos dos veces por semana o sigue las instrucciones de dosificación recomendadas en los suplementos de aceite de pescado.

Riboflavina (Vitamina B2)

La riboflavina es una vitamina B que se ha mostrado prometedora para reducir la frecuencia y la intensidad de las migrañas.

- Los suplementos de riboflavina están disponibles sin receta.
- Toma suplementos de riboflavina según las indicaciones de tu proveedor de atención médica. Pueden pasar varias semanas para ver los resultados.

Jengibre

Tiene propiedades antiinflamatorias y puede ayudar a aliviar los síntomas de la migraña, como náuseas y vómitos.

- Puedes consumir jengibre fresco o suplementos de jengibre.
- Incorpora jengibre fresco a tu dieta o toma suplementos de jengibre según lo recomiende tu proveedor de atención médica.

Acupuntura

La acupuntura implica la inserción de agujas finas en puntos específicos del cuerpo y se ha demostrado que reduce la frecuencia e intensidad de las migrañas.

- Busca un acupunturista autorizado con experiencia en el tratamiento de la migraña.
- Sigue el plan de tratamiento de acupuntura recomendado y adaptado a tus necesidades específicas.

Yoga y técnicas de relajación

Los ejercicios de yoga, meditación y relajación pueden ayudar a reducir el estrés, un desencadenante común de la migraña.

- Asiste a clases de yoga o practica técnicas de relajación con regularidad.
- Incorpora prácticas de yoga y relajación en tu rutina diaria para controlar el estrés y potencialmente prevenir las migrañas.

Aceite de menta

El aceite de menta, cuando se aplica tópicamente en las sienes, puede ayudar a aliviar el dolor de la migraña y reducir las náuseas.

- Diluye el aceite esencial de menta con un aceite portador (por ejemplo, aceite de coco) antes de aplicarlo en las sienes.
- Masajea suavemente las sienes con aceite de menta diluido durante un ataque de migraña para obtener un posible alivio.

Modificaciones de estilo de vida

Identificar y evitar los desencadenantes de la migraña, como ciertos alimentos, el estrés y los trastornos del sueño, puede reducir significativamente la frecuencia de las migrañas.

- Lleva un diario de las migrañas para realizar un seguimiento de los posibles desencadenantes y patrones.
- Realiza los cambios necesarios en el estilo de vida según los hallazgos de tu diario de migrañas para reducir la probabilidad de sufrir ataques de migraña.

Para los síntomas de Parkinson

Tintura de escuteria

La escutelaria (Scutellaria lateriflora) es una hierba conocida por sus posibles propiedades calmantes y sedantes. Si bien no es un tratamiento directo para la enfermedad de Parkinson, puede ayudar a controlar algunos de los síntomas asociados con la afección, como ansiedad, temblores y espasmos musculares. Se cree que actúa calmando el sistema nervioso.

Puedes obtener tintura de escutelaria a través de dos métodos:

- **Cómprala**

- Compra tintura de escutelaria en una fuente confiable, como una tienda naturista o una botica de hierbas. Asegúrate de elegir un producto de alta calidad de un fabricante confiable.

- **Prepárala**

    Si prefieres hacer tu propia tintura de escutelaria, sigue estos pasos:

    - Recolecta hojas y flores secas de la escutelaria (las partes aéreas de la planta).
    - Coloca el material vegetal seco en un frasco de vidrio, dejando algo de espacio en la parte superior.
    - Vierte alcohol (generalmente vodka u otro alcohol de alta graduación) sobre el material vegetal hasta que esté completamente cubierto.
    - Sella bien el frasco y guárdalo en un lugar fresco y oscuro durante varias semanas, agitándolo suavemente a diario o según sea necesario.
    - Después de varias semanas, cuela el líquido para eliminar el material vegetal y transfiere la tintura resultante a una botella de vidrio oscuro y limpia con un gotero.

- Toma unas gotas de tintura de escutelaria según sea necesario para aliviar los síntomas. La dosis exacta puede variar según la concentración de la tintura y tus necesidades específicas.

- La escutelaria se utiliza normalmente como remedio calmante, por lo que puede ayudar a reducir la ansiedad, promover la relajación y potencialmente proporcionar alivio de los espasmos musculares o temblores asociados con el Parkinson.

- Consulta con un proveedor de atención médica, preferiblemente uno con experiencia en medicina herbaria, antes de incorporar la tintura de escutelaria a tu plan de tratamiento. Pueden brindarte orientación sobre la dosis adecuada y garantizar que sea una opción segura para ti, especialmente si estás tomando otros medicamentos o tienes problemas de salud subyacentes.

Tintura de zapatilla de dama

La zapatilla de dama (Cypripedium spp.) es otra hierba con posibles propiedades calmantes. Puede ayudar a controlar los síntomas asociados con la enfermedad de Parkinson, particularmente la ansiedad y el nerviosismo.

Tienes dos opciones para obtener tintura de zapatilla de dama:

1. **Cómprala**

   A. Compra tintura de zapatilla de dama de una fuente confiable, como una tienda naturista o una botica de hierbas, para asegurarte de que sea un producto de alta calidad.

2. **Prepárala**

Si deseas hacer tu propia tintura, sigue estos pasos generales:

- Cosecha las raíces de la planta.
- Coloca las raíces secas en un frasco de vidrio, dejando algo de espacio en la parte superior.
- Cubre las raíces con alcohol (normalmente vodka u otro alcohol de alta graduación).
- Sella bien el frasco y guárdalo en un lugar fresco y oscuro durante varias semanas, agitándolo suavemente a diario o según sea necesario.
- Después de varias semanas, cuela el líquido para eliminar el material vegetal y transfiere la tintura resultante a una botella de vidrio oscuro y limpia con un gotero.

Utiliza tintura de zapatilla de dama para aliviar los síntomas de la enfermedad de Parkinson:

- Toma unas gotas según sea necesario para tratar síntomas como ansiedad o nerviosismo.
- Al igual que con cualquier remedio a base de hierbas, consulta con un proveedor de atención médica, preferiblemente uno que esté familiarizado con las hierbas medicinales, antes de usar la tintura de zapatilla de dama. Pueden ayudar a

determinar la dosis adecuada y garantizar que sea segura para ti, especialmente si estás tomando otros medicamentos o tienes problemas de salud subyacentes.

Por favor ten en cuenta que los remedios a base de hierbas como la escutelaria y la zapatilla de dama se utilizan a menudo como enfoques complementarios junto con los tratamientos convencionales para la enfermedad de Parkinson. No deben reemplazar los medicamentos o terapias recetados, y es fundamental involucrar a tu proveedor de atención médica en tus decisiones de tratamiento.

Extracto de Ginkgo Biloba

Es un extracto de hierbas que puede mejorar la función cognitiva y apoyar la salud cerebral en general. A menudo se utiliza para abordar problemas cognitivos y de memoria asociados con la enfermedad de Parkinson.

- Compra extracto de Ginkgo Biloba de una fuente confiable en forma de cápsulas o extracto líquido.
- Sigue las instrucciones de dosificación recomendadas proporcionadas en la etiqueta del producto o según las indicaciones de tu proveedor de atención médica. El Ginkgo Biloba puede tardar varias semanas en mostrar efectos notables.

Coenzima Q10 (CoQ10)

Es un antioxidante que desempeña un papel en la producción de energía dentro de las células. Algunos estudios sugieren que la suplementación con CoQ10 puede ayudar a mejorar los síntomas motores en personas con enfermedad de Parkinson.

- Los suplementos de CoQ10 están disponibles en varias formas, incluidas cápsulas y tabletas.
- Toma suplementos de CoQ10 según lo recomendado por tu proveedor de atención médica. La dosis puede variar según las necesidades individuales.

Cúrcuma (Curcumina)

La cúrcuma, concretamente su compuesto activo curcumina, tiene propiedades antiinflamatorias y antioxidantes. Puede ayudar a reducir la inflamación en el cerebro y potencialmente aliviar algunos síntomas del Parkinson.

- Incorpora la cúrcuma a tu dieta agregándola a los platos o considera tomar suplementos de curcumina.
- Si usas suplementos, sigue las instrucciones de dosificación recomendadas que figuran en la etiqueta del producto o las que te indique tu proveedor de atención médica.

Cannabidiol (CBD)

Es un compuesto no psicoactivo que se encuentra en las plantas de cannabis y que se ha mostrado prometedor en el control de síntomas como el dolor, la ansiedad y los trastornos del sueño en la enfermedad de Parkinson.

- Los productos de CBD están disponibles en varias formas, incluidos aceites, cápsulas y tópicos.
- Consulta con un proveedor de atención médica con experiencia en el uso de CBD para la enfermedad de Parkinson para determinar el producto, la dosis y el método de administración de CBD adecuados.

Ashwagandha (Withania somnifera)

Es una hierba adaptógena que puede ayudar a controlar el estrés y la ansiedad, factores comunes que pueden exacerbar los síntomas del Parkinson.

- Puedes obtener suplementos de ashwagandha en diversas formas, como cápsulas o polvos.

- Toma suplementos de ashwagandha según las indicaciones de tu proveedor de atención médica. Es posible que sean necesarias algunas semanas para experimentar los efectos completos.

Ácidos grasos Omega-3

Los ácidos grasos omega-3, que se encuentran en el aceite de pescado y el aceite de linaza, tienen propiedades antiinflamatorias que pueden favorecer la salud del cerebro y potencialmente reducir la inflamación asociada con la enfermedad de Parkinson.

- Consume alimentos ricos en ácidos grasos omega-3 o considera suplementos de aceite de pescado.
- Incorpora alimentos ricos en omega-3 a tu dieta con regularidad o sigue las instrucciones de dosificación recomendadas en los suplementos de aceite de pescado.

Extracto de Boswellia (incienso)

Contiene compuestos antiinflamatorios que pueden ayudar a aliviar el dolor y la rigidez de las articulaciones asociados con la enfermedad de Parkinson.

- Obtén extracto de Boswellia en forma de cápsulas o comprimidos.
- Toma suplementos de Boswellia según las indicaciones de tu proveedor de atención médica. Puede usarse como un enfoque complementario para controlar el malestar.

Acetil-L-Carnitina

Es un aminoácido que puede favorecer la función cognitiva y la producción de energía en el cerebro. Se ha estudiado por sus posibles beneficios en la enfermedad de Parkinson.

- La acetil-L-carnitina está disponible en forma de suplemento.

- Sigue las instrucciones de dosificación recomendadas que figuran en la etiqueta del producto o las que te indique tu proveedor de atención médica.

Bacopa Monnieri (Brahmi)

Es una hierba conocida por sus posibles propiedades de mejora cognitiva. Puede ayudar a respaldar la función cognitiva en personas con enfermedad de Parkinson.

- Obtén suplementos de Bacopa monnieri en forma de cápsulas o tabletas.
- Toma los suplementos de Bacopa monnieri según las indicaciones de tu proveedor de atención médica. Pueden pasar varias semanas antes de ver mejoras cognitivas.

Terapia de masajes

Las sesiones regulares de terapia de masaje pueden ayudar a aliviar la rigidez, la tensión y el dolor de los músculos, que son síntomas comunes de la enfermedad de Parkinson.

- Encuentra un terapeuta de masajes autorizado con experiencia en trabajar con personas con la enfermedad de Parkinson.
- Programa sesiones periódicas de terapia de masajes para tratar los síntomas relacionados con los músculos y mejorar el bienestar general.

Al igual que con cualquier terapia complementaria, es fundamental involucrar a tu proveedor de atención médica en tus decisiones de tratamiento, especialmente cuando se trata de una afección compleja como la enfermedad de Parkinson. Pueden ayudarte a determinar las opciones, dosis y posibles interacciones más adecuadas con otros medicamentos o tratamientos que puedas estar recibiendo.

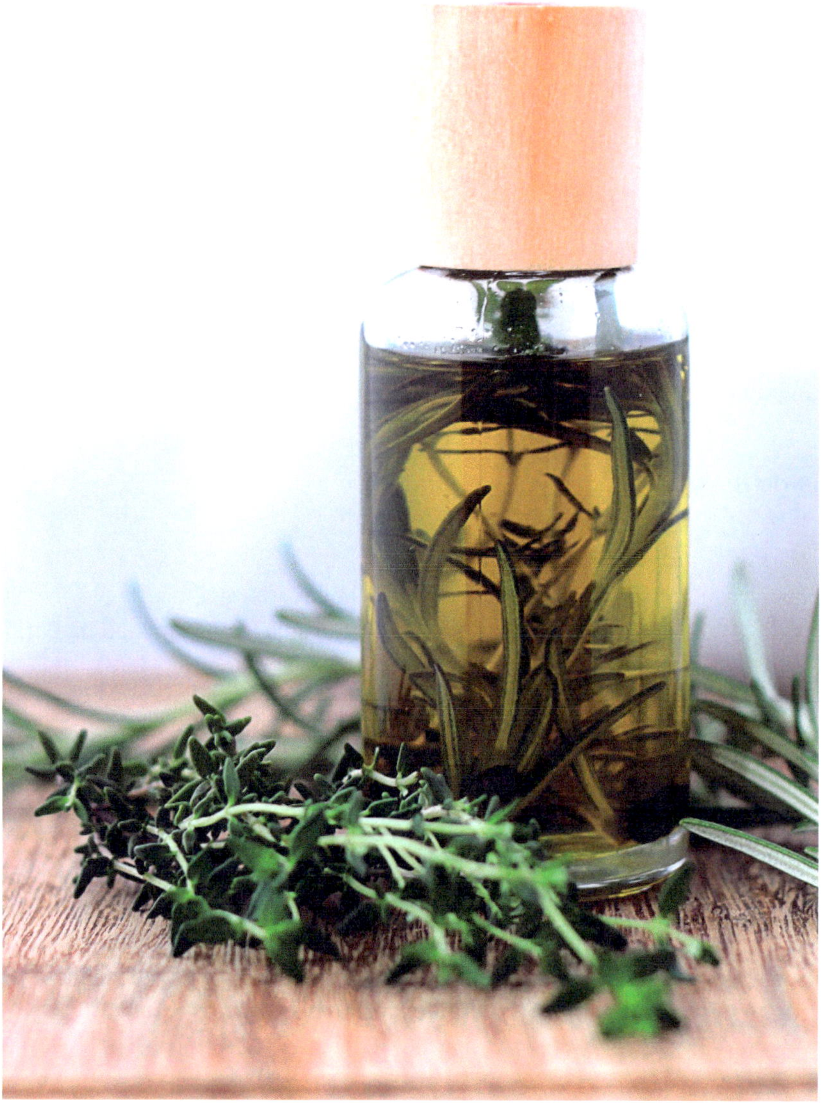

Capítulo 6: Remedios caseros asequibles para mascotas

Los remedios a base de hierbas no serían tan maravillosos si no ofrecieran soluciones naturales y aptas para mascotas. Amamos a nuestras mascotas y queremos que estén felices y saludables para que podamos disfrutar de su compañía y comodidad el mayor tiempo posible. Aquí encontrarás algunos remedios fáciles de hacer para tus mascotas.

Siempre controla la reacción de tu mascota a cualquier remedio nuevo y suspende su uso si hay efectos adversos. Consulta con un veterinario antes de usar remedios a base de hierbas, especialmente si tu mascota tiene problemas de salud subyacentes o está tomando medicamentos.

Nota: Los aceites esenciales siempre deben diluirse con un aceite portador para evitar la irritación de la piel. Haz una prueba de parche antes de usar cualquier aceite nuevo en tu mascota. Los gatos son sensibles a ciertos aceites, así que ten cuidado al usar aceites esenciales cerca de ellos. Consulta a tu veterinario antes de usar aceites esenciales en mascotas preñadas, lactantes o con condiciones de salud específicas.

Bálsamo para patas totalmente natural

Este bálsamo alivia la sequedad, protege contra las inclemencias del tiempo y promueve la salud de las almohadillas de las patas.

- A baño maría, derrite 1 cucharada de aceite de coco, 1 cucharada de manteca de karité y 1 cucharada de cera de abejas.
- Retira del fuego y añade unas gotas de aceite esencial de lavanda (para perros) o aceite de caléndula (para gatos).
- Una vez enfriado y solidificado, aplica una pequeña cantidad en las almohadillas de las patas de tu mascota.

Gotas de aloe vera para los oídos

- Mezcla gel de aloe vera con agua destilada en una proporción de 1:1.

- Coloca unas gotas de esta mezcla en el oído de tu mascota para limpiarlo y calmarlo.
- Evita insertar cualquier cosa en el canal auditivo.

Gel de aloe vera para quemaduras menores

- Extrae gel de aloe vera fresco de una hoja de aloe vera o usa gel de aloe vera comprado en una tienda (asegúrate de que sea 100 % puro).
- Aplica una fina capa de gel de aloe vera sobre quemaduras menores o irritaciones de la piel para calmar y promover la curación.

Espray de lavanda antibacteriano

Este aerosol puede ayudar a prevenir el crecimiento bacteriano y las infecciones en el pelaje o la ropa de cama de tu mascota. El aceite esencial de lavanda tiene propiedades antibacterianas.

- Mezcla aceite esencial de lavanda con agua en una botella con atomizador.
- Evita rociarlo cerca de los ojos y la nariz de tu mascota.

Mezcla antiinflamatoria

Se puede aplicar en áreas de inflamación o dolor en las articulaciones para aliviar las molestias.

El incienso y la lavanda tienen propiedades antiinflamatorias, mientras que la madera de cedro complementa sus efectos.

- Mezcla aceites esenciales de incienso, lavanda y cedro con un aceite portador.
- Utiliza una pequeña cantidad y evita aplicar en zonas sensibles.

Mezcla calmante de aceite de lavanda

Esta mezcla es ideal para reducir el estrés y la ansiedad en las mascotas.

- Mezcla unas gotas de aceite esencial de lavanda con un aceite portador como aceite de semilla de uva o de cáñamo.
- El aceite esencial de lavanda tiene propiedades calmantes y, cuando se diluye con un aceite portador, se puede aplicar de forma segura en el pecho, el cuello y la espalda de tu mascota.
- Evita los ojos y la nariz.

Almohada de hierba gatera para calmarse

La hierba gatera puede proporcionar relajación y entretenimiento a tu amigo felino.

- Cose una bolsita de tela y llénala con hojas secas de hierba gatera.
- Coloca la almohada con hierba gatera cerca del área donde duerme tu gato.

Repelente de insectos de madera de cedro

El aceite esencial de cedro es conocido por repeler insectos como pulgas y garrapatas.

- Combina unas gotas de aceite esencial de madera de cedro con un aceite portador como aceite de semilla de uva o de cáñamo.
- Aplicar esta mezcla en el pelaje o el cuello de tu mascota puede ayudar a mantener alejadas estas plagas.

Calmante de manzanilla para la piel

La manzanilla es conocida por sus propiedades calmantes.

- Haz una infusión de té de manzanilla remojando flores de manzanilla en agua caliente.
- Deja que se enfríe y cuela.
- Aplica la infusión de manzanilla sobre la piel irritada con un algodón. Puede ayudar a aliviar la picazón y las irritaciones de la piel.

Aceite de coco para pieles secas

- Utiliza aceite de coco orgánico sin refinar.
- Aplica una pequeña cantidad de aceite de coco sobre la piel seca o irritada para hidratarla y calmarla.

Champú casero natural para mascotas

Utiliza este champú suave para bañar a tu mascota. Está libre de productos químicos agresivos y es seguro para la piel.

- Mezcla 1 taza de jabón de castilla líquido
- 1/4 taza de gel de aloe vera
- Unas gotas de aceite esencial de lavanda (para perros) o aceite de manzanilla (para gatos).

Espray repelente de pulgas

Este espray natural actúa como repelente de pulgas y garrapatas cuando se aplica en el pelaje de tu mascota antes de realizar actividades al aire libre.

- Mezcla partes iguales de agua y vinagre de sidra de manzana en una botella con atomizador.
- Añade unas gotas de aceite esencial de lavanda o cedro (para perros).

- El aroma del vinagre de manzana disuade a las plagas, mientras que el aceite esencial de lavanda o cedro potencia el efecto repelente.
- Evita rociar cerca de los ojos de tu mascota.

Incienso para perros mayores

El aceite esencial de incienso es conocido por sus propiedades antiinflamatorias.

- Diluye el aceite esencial de incienso con un aceite portador.
- Aplicar esta mezcla en las articulaciones o áreas de dolor de tu perro mayor puede ayudar a reducir la inflamación y brindar alivio.

Limpiador de oídos a base de hierbas

- Mezcla partes iguales de vinagre de sidra de manzana orgánico y agua destilada.
- Añade unas gotas de aceite de caléndula.
- Remoja una bolita de algodón en la solución y limpia suavemente los oídos de tu mascota para prevenir infecciones de oído.
- No introduzcas nada en el canal auditivo.

Polvo contra pulgas a base de hierbas

- Mezcla partes iguales de tierra de diatomeas de calidad alimentaria y polvo de romero seco.
- Espolvorea esta mezcla sobre el pelaje de tu mascota (evitando los ojos) para repeler las pulgas de forma natural.

Enjuague capilar a base de hierbas para dar brillo

Prepara una infusión fuerte de té de manzanilla.

- Deja que se enfríe y cuela.
- Después del baño de tu mascota, utiliza la infusión de manzanilla como enjuague final. Puede mejorar el brillo del pelaje y calmar la piel.

Tazón de agua con infusión de hierbas

El agua con infusión de menta puede animar a tu mascota a beber más y mejorar la hidratación.

- Agrega algunas hojas de menta fresca al recipiente de agua de tu mascota.

Remojo para patas a base de hierbas

- Prepara una infusión fuerte de té de caléndula.
- Deja que se enfríe.
- Remoja las patas de tu mascota en té de caléndula para calmar y curar cortes, abrasiones o irritaciones menores.

Hierba gatera casera

La hierba gatera ayuda en la digestión y ayuda a prevenir las bolas de pelo.

- Planta semillas de hierba gatera en una maceta con tierra para macetas y riega regularmente.
- Coloca la maceta en un área accesible para que tu gato la mordisquee.

Juguetes caseros con hierba gatera

Estos juguetes brindan horas de entretenimiento y ejercicio a tu amigo felino.

- Cose pequeños juguetes de tela rellenos de hierba gatera para tu gato.

Pasta de dientes casera para perros

- Mezcla 2 cucharadas de bicarbonato de sodio.
- Agrega 1 cucharada de aceite de coco y una gota de aceite esencial de menta (seguro para perros).
- Ajusta la consistencia con agua.
- Cepilla los dientes de tu perro con esta pasta de dientes casera para promover la salud dental y refrescar su aliento.
- Sé cuidadoso al cepillar a tu mascota.

Collar antipulgas casero

Este collar antipulgas natural ayuda a repeler las pulgas y garrapatas de tu mascota. Reemplaza el collar cuando el olor desaparezca.

- Añade unas gotas de aceite esencial de madera de cedro al collar de tu mascota.
- Vuelva a aplicar según sea necesario.

Lavanda para irritaciones de la piel

El aceite esencial de lavanda es suave y calmante para la piel irritada o con picazón.

- Diluye el aceite esencial de lavanda con un aceite portador.
- Cuando se diluye, se puede aplicar para reducir la inflamación; sin embargo, ten cuidado al aplicarlo en heridas abiertas o piel lesionada.

Sábanas o manta con aroma a lavanda

El relajante aroma de la lavanda puede ayudar a tu mascota a dormir mejor y reducir la ansiedad.

- Añade unas gotas de aceite esencial de lavanda a una bolsita de tela y colócala en la ropa de cama de tu mascota.
- Coloca una bolsita de lavanda dentro de la manta o la cama de tu mascota.

Baño con limón contra las pulgas

Utiliza este baño con aroma a limón para repeler las pulgas y dejar a tu mascota con un olor fresco.

- Añade unas gotas de aceite esencial de limón al agua del baño de tu mascota.

- Enjuaga bien a tu mascota después del baño.

Collar natural para la ansiedad

El aroma de lavanda puede ayudar a calmar a las mascotas ansiosas durante situaciones estresantes, como tormentas eléctricas o viajes.

- Añade unas gotas de aceite esencial de lavanda al collar de tu mascota.
- Vuelva a aplicar según sea necesario.

Espray natural contra las garrapatas

- Mezcla partes iguales de agua y vinagre blanco en una botella con atomizador.
- Añade unas gotas de aceite esencial de eucalipto (para perros).
- Rocía la solución sobre las garrapatas para ayudar a aflojarlas.
- Después de unos minutos, retira las garrapatas con cuidado con unas pinzas.

Baño de avena para la picazón de la piel

Dale a tu mascota un relajante baño de avena para aliviar la picazón y la piel seca.

- Muele la avena hasta obtener un polvo fino.
- Mezcla una taza de avena en polvo en el agua del baño de tu mascota.
- Enjuaga bien después del baño.

Ayuda para que los perros duerman

Promueve un sueño reparador en tu perro aplicando una pequeña cantidad de esta mezcla en el cuello y el pecho antes de acostarse.

- Mezcla unas gotas de aceites esenciales de madera de cedro y lavanda con un aceite portador.

Tanto la madera de cedro como la lavanda tienen propiedades calmantes.

Las hierbas, con su amplia gama de propiedades curativas, están aquí para desmitificar las complejidades de la salud y devolverle una sensación de simplicidad a nuestro bienestar y al de nuestra mascota. Desde el abrazo calmante del té de manzanilla hasta las cualidades vigorizantes del jengibre, estos aliados herbales tienen el poder de restaurar el equilibrio y la vitalidad de tu vida.

Entonces, ya sea que seas un entusiasta experimentado de las hierbas o estés comenzando a explorar el mundo de los remedios naturales, disfruta el viaje de descubrimiento. Abraza el suave toque de la mano curativa de la naturaleza y continúa tu exploración de la antigua sabiduría de la medicina herbaria.

Conclusión: Adoptando el poder sanador de la naturaleza

Nos hemos embarcado en un maravilloso viaje por el vasto y fascinante mundo de los remedios herbales. Hemos explorado la riqueza de la farmacia de la naturaleza, descubriendo el increíble potencial de las plantas, hierbas e ingredientes botánicos para sanar y nutrir nuestros cuerpos, mentes y espíritus.

Desde el relajante abrazo de la lavanda hasta la potencia inmunológica de la equinácea, hemos aprendido sobre una gran variedad de hierbas y sus diversas aplicaciones para abordar dolencias comunes, promover el bienestar y mejorar nuestra calidad de vida en general. Hemos descubierto los secretos de la preparación, desde la elaboración de infusiones y tinturas de hierbas hasta la creación de bálsamos, ungüentos y elixires que brindan comodidad y alivio.

Sin embargo, más allá del conocimiento práctico impartido en estas páginas, se encuentra una comprensión más profunda: la medicina herbaria no se trata solo de curar el cuerpo, sino también de forjar una conexión profunda con el mundo natural. Es una invitación a asumir el papel de mayordomo, guardián de la generosidad de la tierra y buscador de la sabiduría antigua transmitida de generación en generación.

Al concluir nuestra travesía a través de los remedios a base de hierbas, repasemos los principios fundamentales que han dirigido nuestra exploración.

Respeto por la naturaleza

> La medicina herbaria nos recuerda la santidad de nuestro entorno natural. Nos insta a cultivar hierbas con cuidado, cosecharlas de manera sostenible y proteger los ecosistemas que proporcionan estos tesoros. Al apoyar prácticas éticas y respetuosas con el medio ambiente, garantizamos un futuro en el que prosperarán los remedios a base de hierbas.
>
> 1. Empoderamiento a través del conocimiento
>
> El conocimiento es la clave para el uso seguro y eficaz de las hierbas. Hemos descubierto la importancia de la investigación, la consulta con profesionales de la salud y el abastecimiento responsable. Deja que este conocimiento te permita tomar decisiones informadas para tu salud y bienestar.

2. La seguridad es lo primero

La seguridad siempre debe ser primordial. Ya sea que estés elaborando brebajes de hierbas para ti, tu familia o tus amigos peludos, la investigación diligente, la preparación adecuada y el cumplimiento de las precauciones de seguridad son esenciales. Un enfoque holístico del bienestar implica la coexistencia armoniosa de la tradición y la ciencia.

3. Equilibrio y armonía

El mundo de la medicina herbaria celebra el concepto de salud holística. Nos enseña que la curación no es simplemente la ausencia de enfermedad sino el equilibrio armonioso del cuerpo, la mente y el espíritu. Recuerda que las hierbas son aliadas en tu viaje hacia una vida más equilibrada y vibrante.

4. Resiliencia y adaptación

La naturaleza es maestra de la adaptación y las hierbas no son una excepción. Así como prosperan en diversos entornos, las hierbas nos enseñan el valor de la adaptabilidad. Adopta esta resiliencia en tu propia vida, adaptándote a los cambios y desafíos con la sabiduría del mundo natural como guía.

5. Comunidad y compartir

La tradición de la medicina herbaria está impregnada de comunidad y de compartir. Ya sea transmitiendo conocimientos de generación en generación o intercambiando remedios y sabiduría con otros entusiastas, este aspecto comunitario es un recordatorio de que todos estamos conectados a través de nuestro amor compartido por las artes curativas.

Ahora, mientras te encuentras en la encrucijada de este viaje a base de hierbas, te hacemos un llamado a la acción: una invitación a integrar la sabiduría de las hierbas en tu vida y convertirte en un administrador tanto de tu bienestar como del mundo natural.

Inicia tu viaje a base de hierbas con simplicidad. Selecciona una hierba que te llame la atención y explora sus propiedades y usos. Comienza con un solo remedio y expande gradualmente tu repertorio de hierbas.

Si dispones de espacio, considera la posibilidad de cultivar un pequeño jardín de hierbas. Observar el crecimiento de las hierbas, cuidarlas y cosecharlas para tus remedios es una experiencia gratificante y significativa.

Comparte lo que has aprendido con amigos y familiares. Al impartir la sabiduría de los remedios a base de hierbas, no solamente enriqueces sus vidas, sino que también contribuyes a la preservación de esta tradición eterna.

Apoya prácticas éticas y sostenibles en la industria herbaria. Elige productos de proveedores que prioricen la salud del planeta y sus ecosistemas.

Explora las tradiciones herbarias de su propia herencia cultural. Muchas culturas tienen ricas historias herbarias esperando ser redescubiertas.

Cuando te enfrentes a problemas de salud complejos, nunca dudes en buscar el consejo de profesionales de la salud que tengan conocimientos sobre medicina herbaria. Ellos pueden guiarte sobre cómo incorporar hierbas a tu rutina de bienestar de manera segura.

Recuerda que el poder de la medicina herbaria no reside solo en las hierbas en sí, sino también en la profunda conexión que fomentan entre la humanidad y el mundo natural. A medida que continúes tu viaje, que encuentres sanación, sabiduría y un aprecio más profundo por el intrincado tapiz de la vida que nos rodea.

Aprovecha el poder curativo de la naturaleza, nutre tu bienestar con los regalos de la tierra y conviértete en guardián de la tradición herbaria: un remedio, una planta y una intención sincera a la vez.

Con estas reflexiones finales, te invito a embarcarte en tu propia aventura herbaria única: un viaje que promete no solo el potencial para mejorar la salud, sino también una conexión profunda con las fuerzas curativas de la naturaleza.

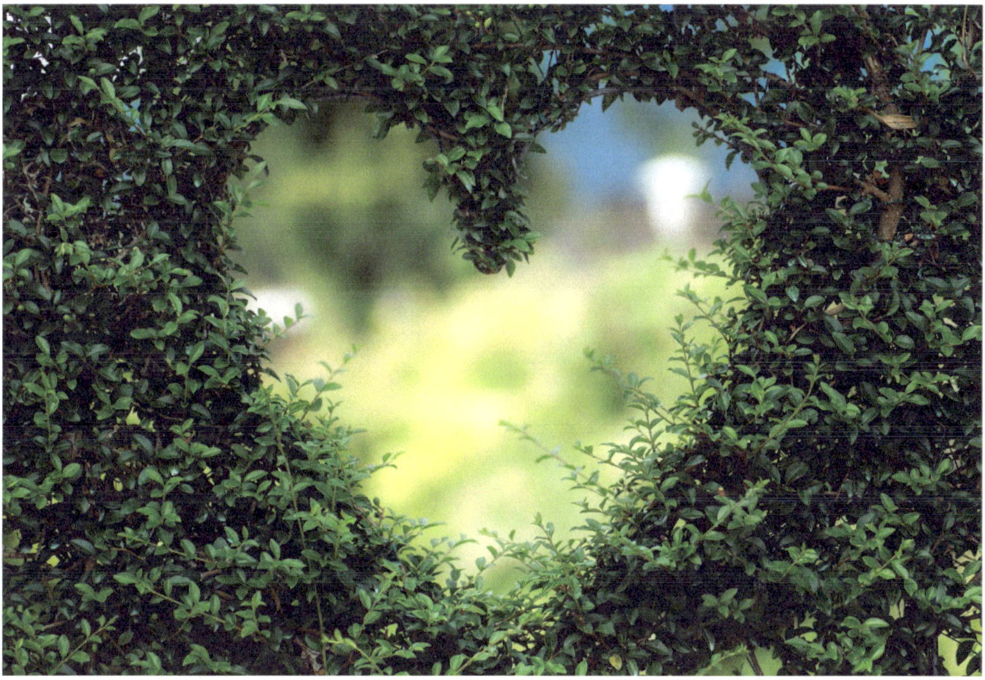

Referencias

All Things Jill. (2021, August 12). *4 easy tips to help make your natural products last longer*. All Things Jill. https://allthingsjill.ca/blogs/news/talking-facial-oils-with-asgard-beauty-2

Berry, J. (2021, May 13). *Learn about 10 natural and organic-approved preservatives to safely add to your handmade lotions, creams, and other skincare high-quality products*. The Nerdy Farm Wife. https://thenerdyfarmwife.com/natural-preservatives-for-skin-care/

Biggs, C. (2021, March 18). *Martha's comprehensive guide to caring for your cats at home*. Martha Stewart. https://www.marthastewart.com/904179/amazing-diy-home-remedies-pets

Bond, P. (2016, January 20). *20 natural home remedies that work*. Prevention; Prevention. https://www.prevention.com/health/g20461109/natural-home-remedies/

Breyer, M. (2021, April 20). *20 natural home remedies for cats and dogs*. Treehugger. https://www.treehugger.com/natural-home-remedies-pets-4858621

Centers for Disease Control and Prevention. (2018, April 19). *Four steps (clean, separate, cook, chill) to food safety*. Centers for Disease Control and Prevention. https://www.cdc.gov/foodsafety/keep-food-safe.html

Chagrin Valley Soap & Salve. (2013, October 17). *Herbal basics: Choosing quality herbs*. Chagrin Valley Soap & Salve. https://www.chagrinvalleysoapandsalve.com/blogs/idas-soap-box-blog/herbal-basics-choosing-quality-herbs#:~:text=Use%20your%20senses

Editors of Consumer Guide. (2011, July 25). *Home remedies A-Z*. HowStuffWorks. https://health.howstuffworks.com/wellness/natural-medicine/home-remedies/home-remedies-a-z.htm

Edwards, R. (2017, November 22). *9 common safety hazards around the home & how to prevent them*. SafeWise. https://www.safewise.com/blog/safety-hazards-to-watch-out-for-around-the-house/

Ellis, R. R. (2022, August 18). *Natural pet remedies that humans use, too*. WebMD. https://www.webmd.com/pets/ss/slideshow-pets-natural-remedies

Engels, J. (2015, March 27). *How to grow a medicine cabinet*. The Permaculture Research Institute. https://www.permaculturenews.org/2015/03/27/how-to-grow-a-medicine-cabinet/

Fowler, A. (2019, July 6). How to grow your own medicine cabinet. *The Guardian*. https://www.theguardian.com/lifeandstyle/2019/jul/06/how-to-cure-cure-colds-hangovers-insomnia-herbs-seeds-alys-fowler

From Nature With Love. (n.d.). *Using preservatives to extend the shelf life of your products*. Www.fromnaturewithlove.com. https://www.fromnaturewithlove.com/library/preservatives.asp#:~:text=Natural%20products%20can%20oxidize%20and

Guang. (2020, November 16). *How to cook herbal medicine formula*. Acupuncture Healing Center. https://acuhealcenter.com/guides/how-to-cook-herbal-medicine-formula/

Health Times. (2021, April 26). *What is natural medicine?* Health Times. https://healthtimes.com.au/hub/natural-medicine/72/guidance/ht1/what-is-natural-medicine/2115/

Hilliard, H. (2016, July 2). *Preparation methods of herbs*. Herbalist Program Denver CO | Herbalism Roots. https://herbalismroots.com/preparation-methods-herbs/#:~:text=Decoctions%2C%20infusions%2C%20tinctures%20as%20well

Hoshaw, C. (2021, May 14). *Herbal medicine 101: How you can harness the power of herbs*. Healthline. https://www.healthline.com/health/herbal-medicine-101-harness-the-power-of-healing-herbs

Jarone, S. (2023). *How to choose high-quality herbs and herbal remedies*. Bloom Institute of Holistic Living and Learning. https://bloominstitute.ca/how-to-choose-high-quality-herbs/

Karimi, A., Majlesi, M., & Rafieian-Kopaei, M. (2015). Herbal versus synthetic drugs; beliefs and facts. *Journal of Nephropharmacology*, *4*(1). https://www.ncbi.nlm.nih.gov/pmc/articles/PMC5297475/#:~:text=Synthetic%20drugs%20address%20symptoms%20caused

Kolen, R. (2019, January 10). *5 tips for preserving homemade & natural body care products*. Blog.mountainroseherbs.com. https://blog.mountainroseherbs.com/5-tips-preserving-handcrafted-natural-bodycare-products

Lovejoy, J. DMV (2023, May 22). *8 vet-approved home remedies for your dog.* Www.petmd.com. https://www.petmd.com/dog/general-health/home-remedies-for-dogs

Marr, K. (2016, September 2). *My safety tips for making and using natural products.* Live Simply. https://livesimply.me/my-safety-tips-for-making-and-using-natural-products/

Mary's Nest. (2021, March 6). *10 essential medicinal herbs to grow for making home remedies.* Www.youtube.com. https://www.youtube.com/watch?v=DZRIzGMr4jE

New, E. (2016, March 11). *Ingredients to make home remedies: 7 must-haves.* The Frugal Farm Wife. https://www.frugalfarmwife.com/article/7-ingredients-need-home-remedy-making/

NHS. (2019). *Herbal medicines.* NHS. https://www.nhs.uk/conditions/herbal-medicines/

Nourished Media LLC. (2023). *20 simple herbal recipes for teas, tinctures, shrubs and more.* Nourished Kitchen. https://nourishedkitchen.com/herbalism/

Randall, S. (2022, June 6). *10 essential home remedies for dogs to have at home.* Top Dog Tips. https://topdogtips.com/home-remedies-for-dogs/

Scott, D. (2017, November 28). *20 natural remedies for dogs you didn't know about - dogs naturally.* Www.dogsnaturallymagazine.com. https://www.dogsnaturallymagazine.com/20-natural-remedies-for-dogs/

Stafford, D. (2017, December 27). *How to store natural/chemical-free hygiene products.* Kiss Freely. https://kissfreely.com/blogs/news/how-to-store-natural-chemical-free-hygiene-products

SVT Health & Wellness. (2018, October 10). *20 home remedies everyone should know.* SVT Health & Wellness. https://svthw.org/20-home-remedies-everyone-should-know/

The Editors. (2022, May 4). *Home remedies for dogs & cats: Fleas, dry skin, cuts, and more | the old farmer's almanac.* Www.almanac.com. https://www.almanac.com/home-remedies-pets

The Herb School. (n.d.). *Medicinal herbs | how to make herbal remedies.* The Herb Garden. https://theherbgarden.ie/using-herbs/medicinal-herbs/

The Yale Ledger. (2022, March 28). *What are the benefits of herbal medicine?* Campuspress.yale.edu. https://campuspress.yale.edu/ledger/what-are-the-benefits-of-herbal-medicine/#:~:text=In%20contrast%2C%20herbal%20medicines%20are

UC Santa Cruz Center for Agroecology. (2021, November 22). *DIY herbal remedy preparation.* Www.youtube.com. https://www.youtube.com/watch?v=wk7vcBumqV0

University of Rochester Medical Center. (2014). *A guide to common medicinal herbs.* Rochester.edu. https://www.urmc.rochester.edu/encyclopedia/content.aspx?contenttypeid=1&contentid=1169

Van Sloun, N. (2015, November 28). *Natural remedies for everyday illnesses.* Www.allinahealth.org. https://www.allinahealth.org/healthysetgo/heal/natural-remedies-for-everyday-illnesses

Vorvick, L. J. MD. (2018). *A guide to herbal remedies.* Medlineplus.gov. https://medlineplus.gov/ency/patientinstructions/000868.htm

Wells, K. (2022, January 5). *How to store and organize your natural remedies.* Wellness Mama®. https://wellnessmama.com/health/organize-natural-remedies/

White, A. (2019, November 8). *Grow your own herbal medicine cabinet.* Crystal Star. https://crystalstar.com/blogs/news/grow-your-own-herbal-medicine-cabinet-yes-you-can

Woman's Day. (2016, May 2). *26 of the best home remedies to ever exist.* Woman's Day. https://www.womansday.com/health-fitness/womens-health/advice/g1544/best-home-remedies/

Young, K. T. (2021, September 20). *Start your own home herbal medicine cabinet - using wild plants growing near you - milkwood.* Milkwood: Permaculture Courses, Skills + Stories. https://www.milkwood.net/2021/09/20/home-herbal-medicine-cabinet/

Referencias de imágenes

Conger Design. (2017). White cabbage, garden, vegetable growing image. In P*ixabay*. https://pixabay.com/photos/white-cabbage-garden-2521700/

Dolfinmagikpro. (2016). Ladybug, mint, leaves image. In P*ixabay*. https://pixabay.com/photos/ladybug-mint-leaves-green-red-1560298/

Explorer Bob. (2018). Honey, lemon, food image. In P*ixabay*. https://pixabay.com/photos/honey-lemon-food-healthy-ginger-3434198/

K8. (2020). Brown and white food on white ceramic plate. In *Unsplash*. https://unsplash.com/photos/vl_l_JPGrxQ

Pattern Pictures. (2016). Lavender, background, purple image. In P*ixabay*. https://pixabay.com/photos/lavender-background-purple-spring-1128809/

Pedraza Burk, S. (n.d.). Thyme and rosemary infused oil photo. In *Burst*. https://www.shopify.com/stock-photos/photos/thyme-and-rosemary-infused-oil?q=herbs

Pflug, S. (n.d.). Basil leaves glisten faintly from raindrops photo. In *Burst*. Basil Leaves Glisten Faintly From Raindrops Photo

Ramirez, N. (2020). Clear drinking glass with yellow liquid and sliced lemon. In *Unsplash*. https://unsplash.com/photos/nWg98QhqbC8

Reijotelaranta. (2020). Yard work, gardening, tools image. In *Pixabay*. https://pixabay.com/photos/yard-work-gardening-tools-order-5426779/

Ritae. (2017). Elder, blossoms, syrup image. In P*ixabay*. https://pixabay.com/photos/elder-blossoms-syrup-bottles-vial-2381616/

sarangib. (2014). Aloe vera, plant, succulent image. In P*ixabay*. https://pixabay.com/photos/aloe-vera-plant-succulent-healing-262718/

Smith, K. (2017). Shallow-focus-photography-of-adult-black-and-white-border-collie. In *Pexels*. https://www.pexels.com/photo/shallow-focus-photography-of-adult-black-and-white-border-collie-551628/

Sugarlove7714. (2017). Dog, canine, pet image. In P*ixabay*. https://pixabay.com/photos/dog-canine-pet-puppy-mammal-cute-3044517/

Urirenataadrienn. (2021). Tea, honey, remedy image. In P*ixabay*. https://pixabay.com/photos/tea-honey-remedy-season-herbs-6794963/

Vaitkevich, N. (2021). Healthy-wood-relaxation-plant. In *Pexels*. https://www.pexels.com/photo/healthy-wood-relaxation-plant-7526012/

Made in United States
Troutdale, OR
05/02/2025